Addieren ohne Zehnerübergang
Zwanzigerfeld

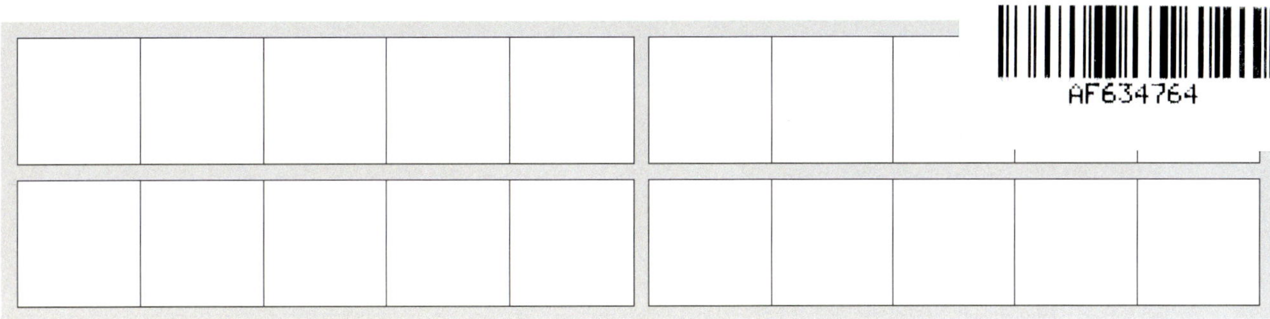

1

a) 2 + 2 = ____
2 + 3 = ____
2 + 6 = ____

b) 2 + 1 = ____
2 + 7 = ____
2 + 8 = ____

c) 5 + 2 = ____
5 + 1 = ____
5 + 3 = ____

d) 5 + 4 = ____
5 + 0 = ____
5 + 5 = ____

2

a) 11 + 2 = ____
11 + 4 = ____
11 + 5 = ____

b) 11 + 3 = ____
11 + 7 = ____
11 + 8 = ____

c) 13 + 1 = ____
13 + 3 = ____
13 + 4 = ____

d) 13 + 2 = ____
13 + 6 = ____
13 + 7 = ____

QR-Code: Erklärvideo nutzen.
Evtl. Material nutzen.

Addieren
Analogieaufgaben

1 a) 14 + 5

4 + 5 = ____

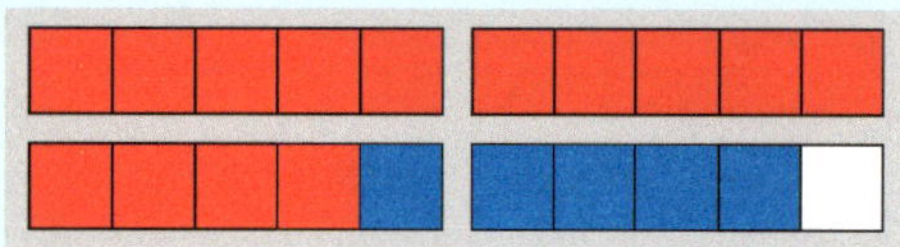

14 + 5 = ____

b) 14 + 6

4 + 6 = ____

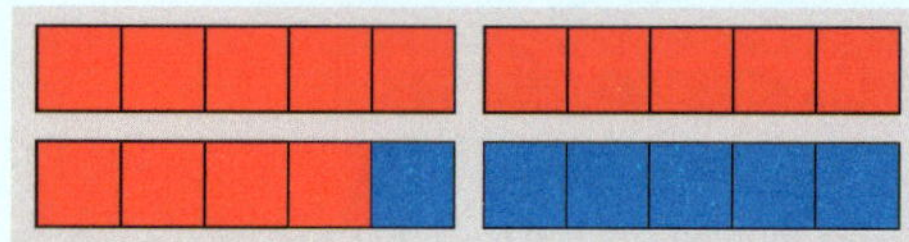

14 + 6 = ____

c) 15 + 5

5 + 5 = ____

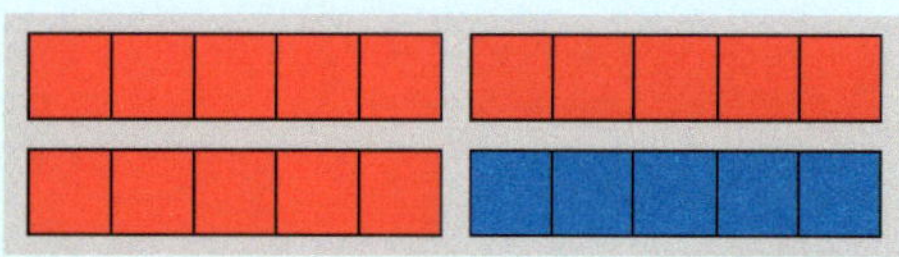

15 + 5 = ____

d) 15 + 3

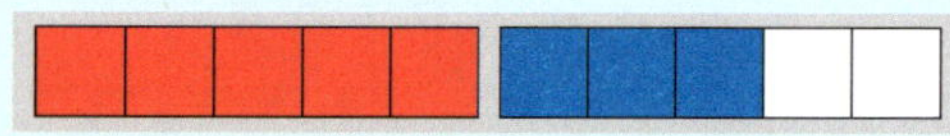

5 + 3 = ____

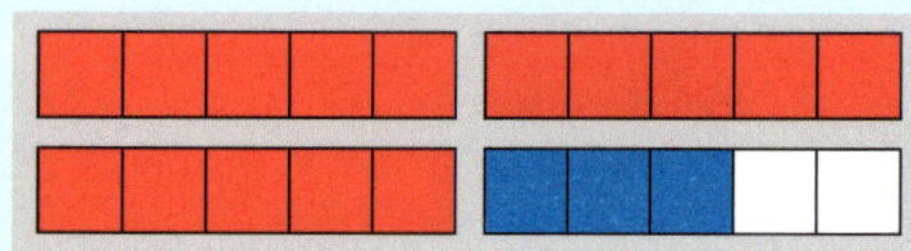

15 + 3 = ____

e) 12 + 6

2 + 6 = ____

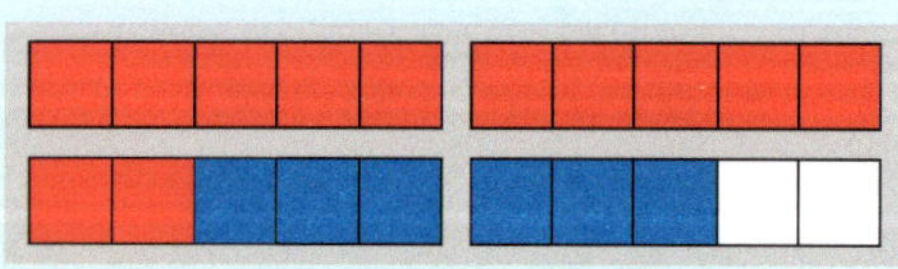

12 + 6 = ____

f) 18 + 1

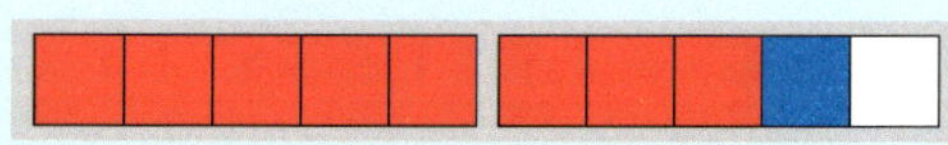

8 + 1 = ____

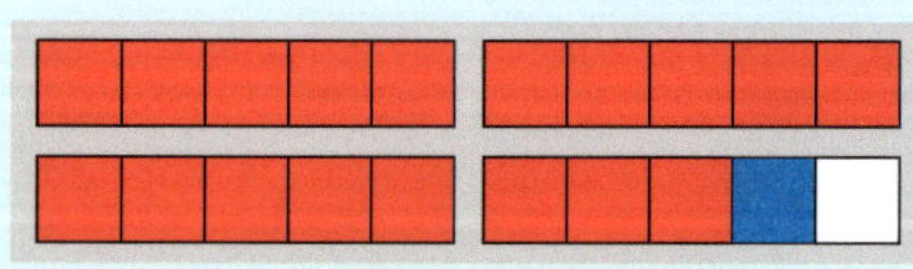

18 + 1 = ____

QR-Code: Erklärvideo nutzen.
Analogien nutzen.

1

a) 13 + 4

3 + 4 = ____

13 + 4 = ____

b) 16 + 2

6 + 2 = ____

16 + 2 = ____

c) 14 + 4

4 + 4 = ____

14 + 4 = ____

d) 12 + 3

2 + 3 = ____

12 + 3 = ____

e) 11 + 3

1 + 3 = ____

11 + 3 = ____

f) 15 + 3

5 + 3 = ____

15 + 3 = ____

2

a) 17 + 2

7 + 2 = ____

17 + 2 = ____

b) 13 + 5

3 + 5 = ____

13 + 5 = ____

c) 14 + 3

4 + 3 = ____

14 + 3 = ____

d) 12 + 5

2 + 5 = ____

12 + 5 = ____

e) 15 + 4

5 + 4 = ____

15 + 4 = ____

f) 18 + 2

8 + 2 = ____

18 + 2 = ____

QR-Code: Erklärvideo nutzen.
Evtl. Material nutzen. Analogien nutzen.

1 a) 8 + 6

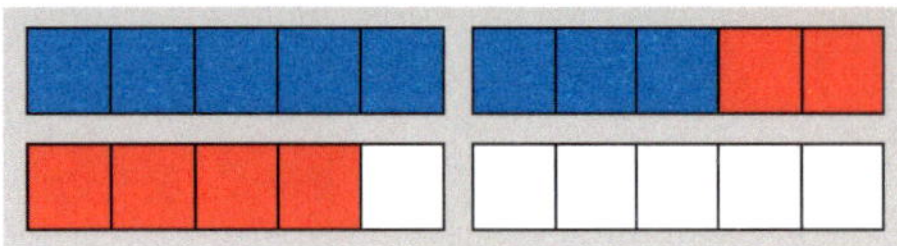

8 + 2 = **10**
10 + 4 = ____

b) 8 + 8

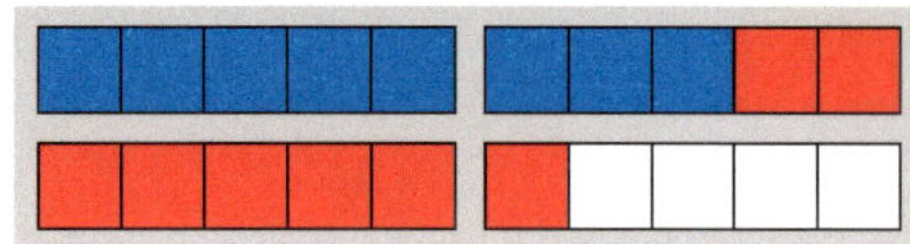

8 + ____ = **10**
10 + ____ = ____

c) 8 + 5

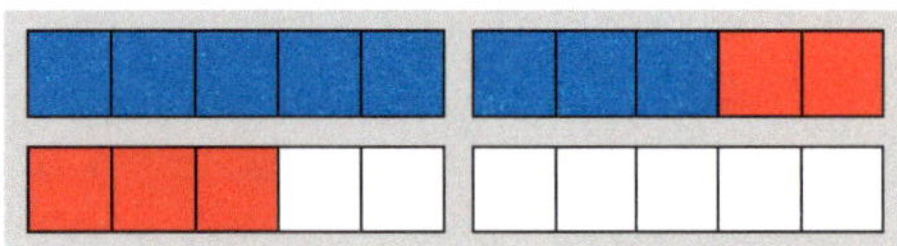

8 + ____ = **10**
10 + ____ = ____

d) 8 + 7

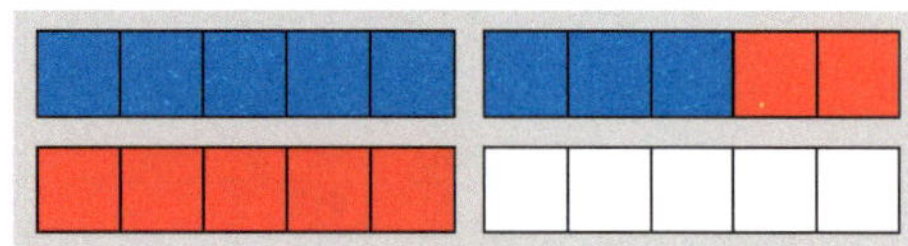

8 + ____ = **10**
10 + ____ = ____

2 a) 5 + 8

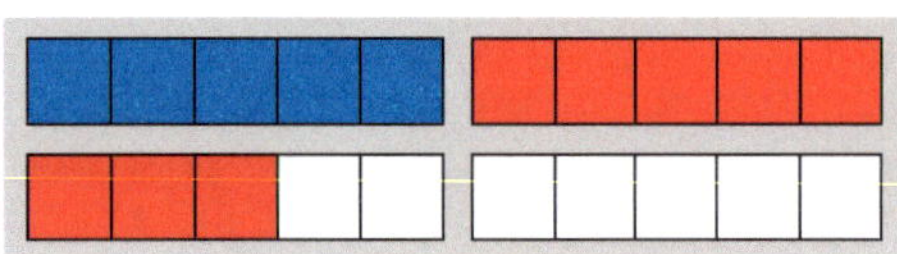

5 + ____ = **10**
10 + ____ = ____

b) 5 + 9

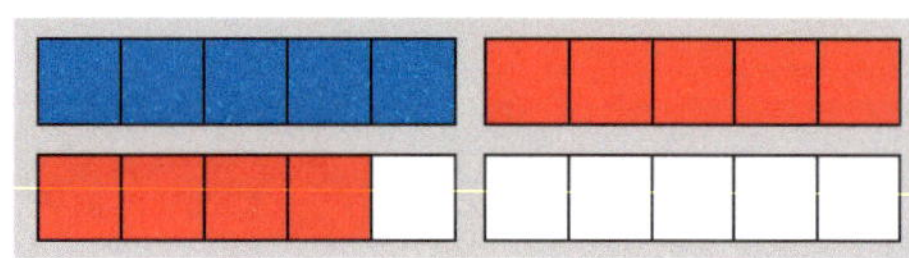

5 + ____ = **10**
10 + ____ = ____

c) 7 + 4

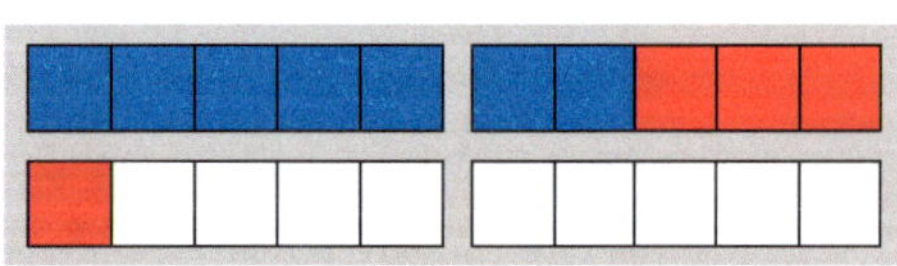

7 + ____ = **10**
10 + ____ = ____

d) 7 + 6

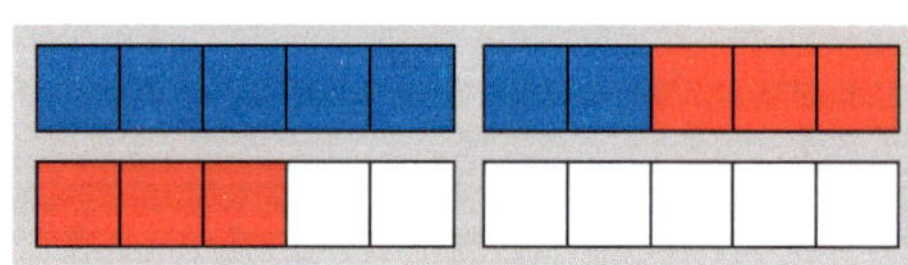

7 + ____ = **10**
10 + ____ = ____

QR-Code: Erklärvideo nutzen.
Evtl. Material nutzen. Zunächst zur 10 ergänzen, dann den Rest des 2. Summanden addieren.

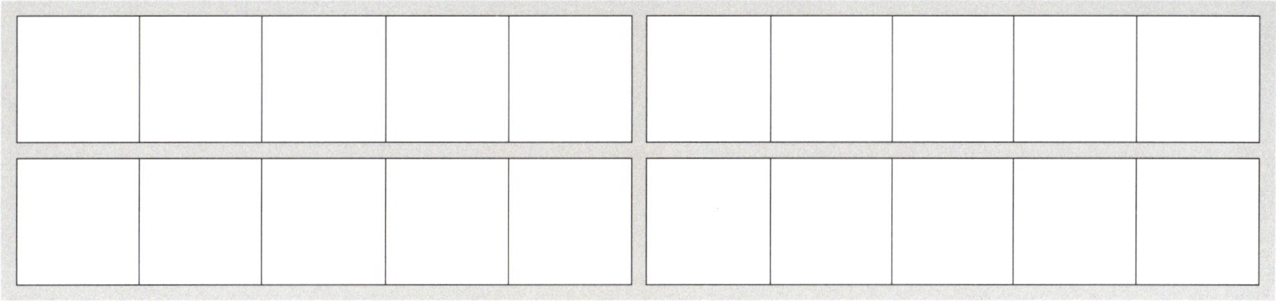

1

a) 6 + 5

6 + 4 = **10**

10 + ___ = ___

b) 6 + 7

6 + ___ = **10**

10 + ___ = ___

c) 6 + 8

6 + ___ = **10**

10 + ___ = ___

d) 6 + 9

6 + ___ = **10**

10 + ___ = ___

2

a) 9 + 3

9 + ___ = **10**

10 + ___ = ___

b) 9 + 5

9 + ___ = **10**

10 + ___ = ___

c) 9 + 7

9 + ___ = **10**

10 + ___ = ___

d) 9 + 8

9 + ___ = **10**

10 + ___ = ___

QR-Code: Erklärvideo nutzen.
Evtl. Material nutzen.

Subtrahieren ohne Zehnerübergang
Zwanzigerfeld

1

a) 10 − 2 = ____
10 − 4 = ____
10 − 6 = ____

b) 10 − 3 = ____
10 − 5 = ____
10 − 7 = ____

c) 7 − 1 = ____
7 − 4 = ____
7 − 6 = ____

d) 7 − 3 = ____
7 − 2 = ____
7 − 5 = ____

2

a) 16 − 2 = ____
16 − 4 = ____
16 − 5 = ____

b) 16 − 3 = ____
16 − 6 = ____
16 − 4 = ____

c) 18 − 2 = ____
18 − 3 = ____
18 − 8 = ____

d) 18 − 7 = ____
18 − 6 = ____
18 − 5 = ____

QR-Code: Erklärvideo nutzen.
Evtl. Material nutzen.

Subtrahieren
Analogieaufgaben

1 a) 15 – 3

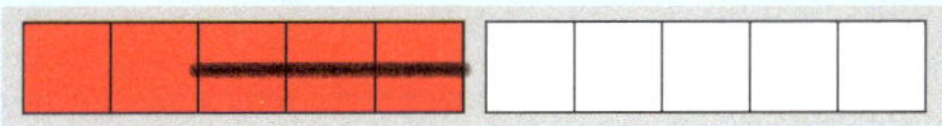

5 – 3 = ____

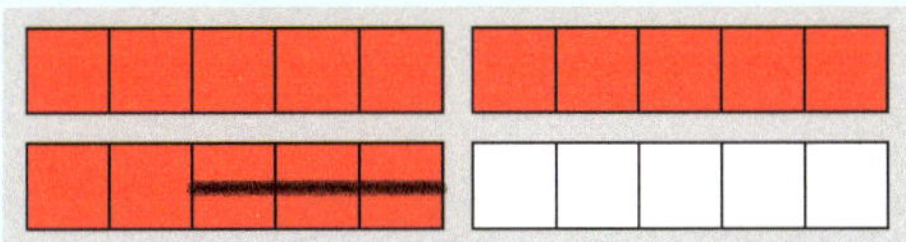

15 – 3 = ____

b) 16 – 3

6 – 3 = ____

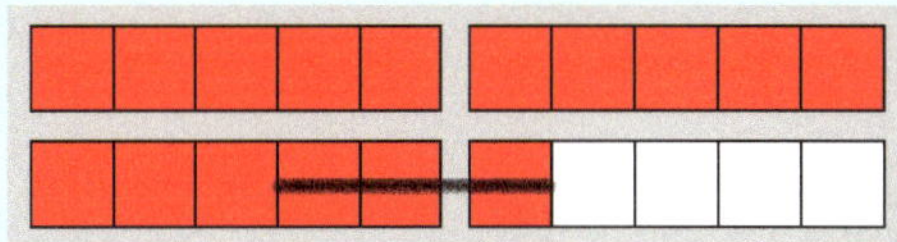

16 – 3 = ____

c) 19 – 5

9 – 5 = ____

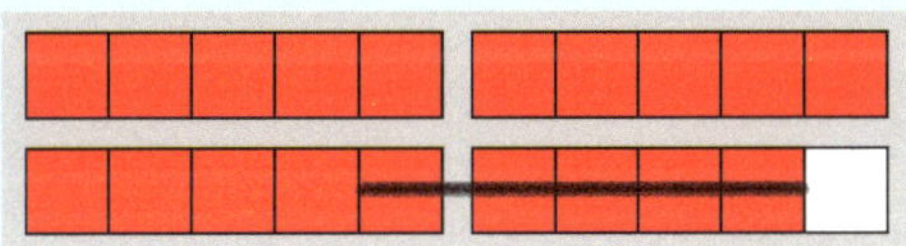

19 – 5 = ____

d) 19 – 7

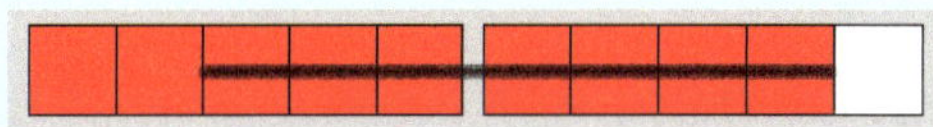

9 – 7 = ____

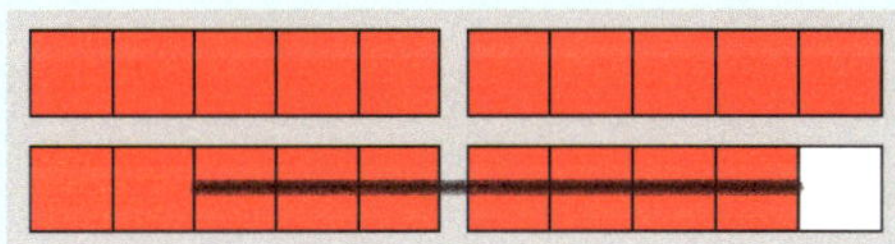

19 – 7 = ____

e) 17 – 6

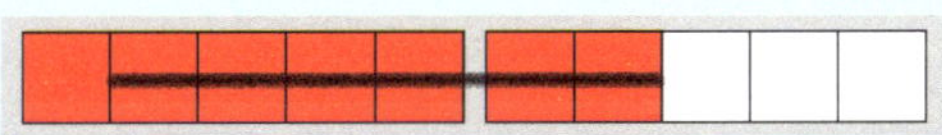

7 – 6 = ____

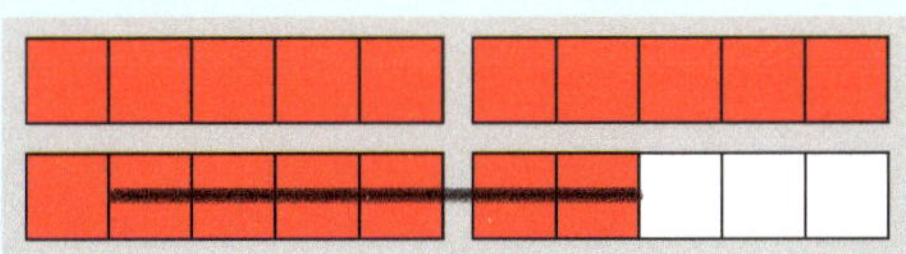

17 – 6 = ____

f) 18 – 7

8 – 7 = ____

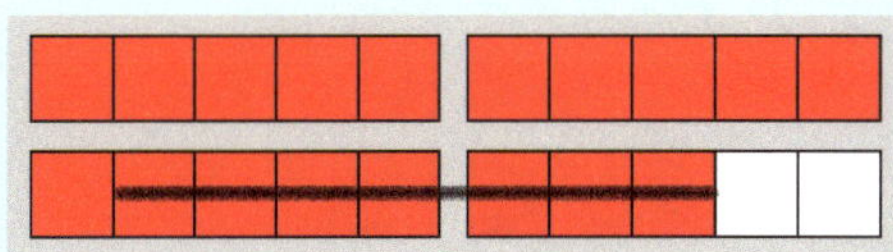

18 – 7 = ____

QR-Code: Erklärvideo nutzen.
Analogien nutzen.

Analogieaufgaben

1

a) 16 − 2

6 − 2 = ____

16 − 2 = ____

b) 16 − 4

6 − 4 = ____

16 − 4 = ____

c) 16 − 3

6 − 3 = ____

16 − 3 = ____

d) 18 − 5

8 − 5 = ____

18 − 5 = ____

e) 19 − 1

9 − 1 = ____

19 − 1 = ____

f) 17 − 4

7 − 4 = ____

17 − 4 = ____

2

a) 14 − 2

4 − 2 = ____

14 − 2 = ____

b) 15 − 4

5 − 4 = ____

15 − 4 = ____

c) 18 − 4

8 − 4 = ____

18 − 4 = ____

d) 17 − 3

7 − 3 = ____

17 − 3 = ____

e) 13 − 2

3 − 2 = ____

13 − 2 = ____

f) 19 − 3

9 − 3 = ____

19 − 3 = ____

QR-Code: Erklärvideo nutzen.
Evtl. Material nutzen. Analogien nutzen.

1 a) 14 – 5

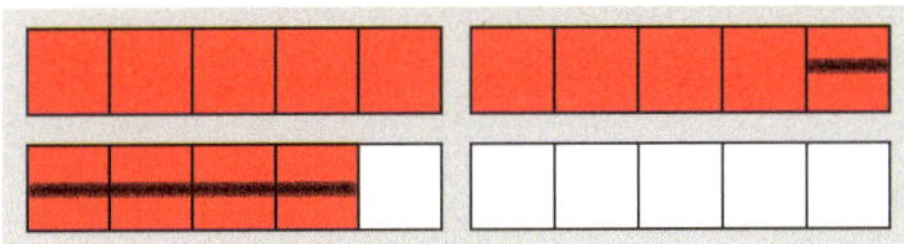

14 – 4 = **10**
10 – 1 = ____

b) 14 – 7

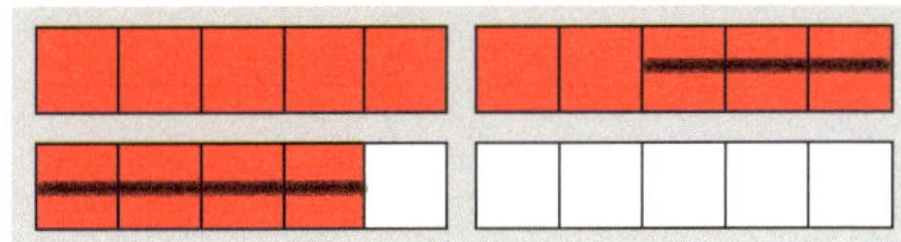

14 – ___ = **10**
10 – ___ = ____

c) 14 – 8

14 – ___ = **10**
10 – ___ = ____

d) 14 – 9

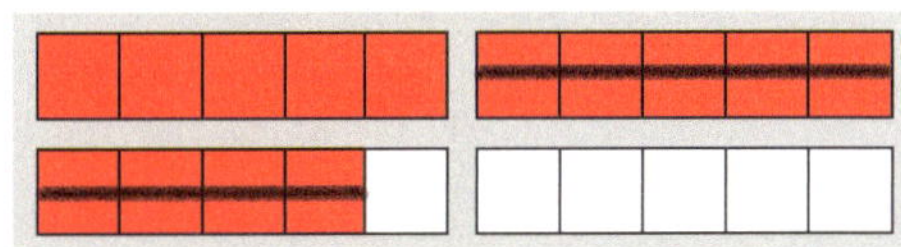

14 – ___ = **10**
10 – ___ = ____

2 a) 15 – 7

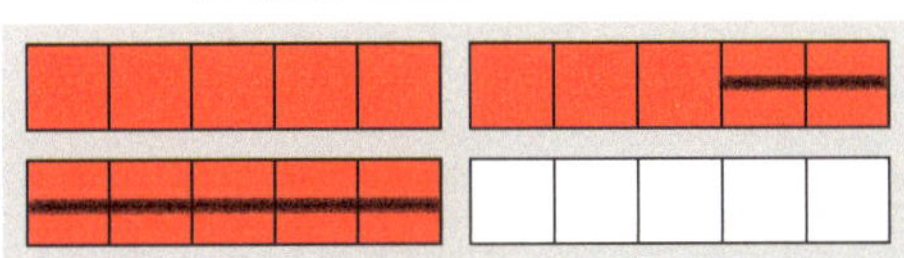

15 – ___ = **10**
10 – ___ = ____

b) 15 – 9

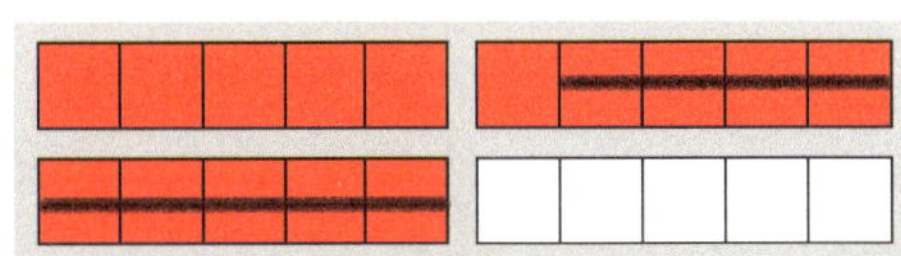

15 – ___ = **10**
10 – ___ = ____

c) 17 – 8

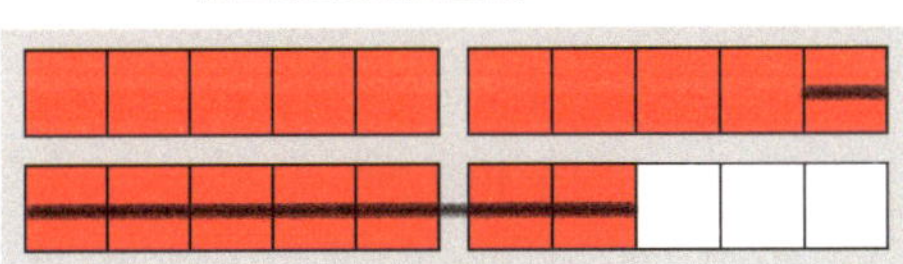

17 – ___ = **10**
10 – ___ = ____

d) 17 – 9

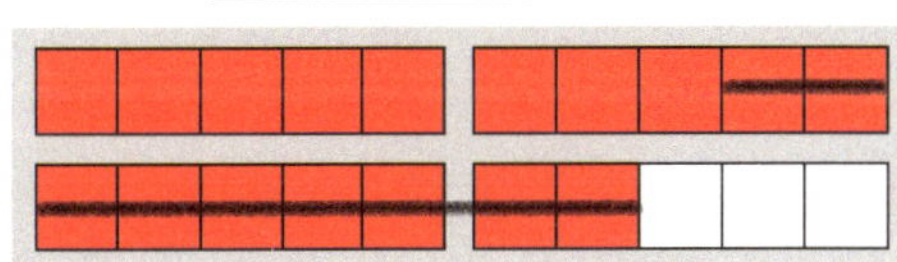

17 – ___ = **10**
10 – ___ = ____

QR-Code: Erklärvideo nutzen.
Evtl. Material nutzen. Immer bis zur 10 rechnen, dann den Rest subtrahieren.

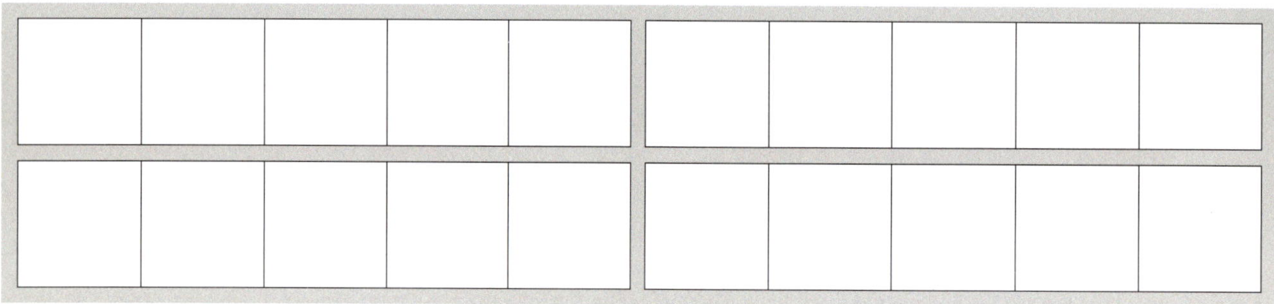

1

a) 12 − 3

12 − 2 = **10**

10 − ___ = ___

b) 12 − 5

12 − ___ = **10**

10 − ___ = ___

c) 12 − 6

12 − ___ = **10**

10 − ___ = ___

d) 12 − 8

12 − ___ = **10**

10 − ___ = ___

2

a) 11 − 4

11 − ___ = **10**

10 − ___ = ___

b) 11 − 6

11 − ___ = **10**

10 − ___ = ___

c) 11 − 5

11 − ___ = **10**

10 − ___ = ___

d) 11 − 7

11 − ___ = **10**

10 − ___ = ___

QR-Code: Erklärvideo nutzen.
Evtl. Material nutzen.

1 Setze fort und rechne.

a)

4 + 1 = ___
4 + 2 = ___
4 + 3 = ___
4 + 4 = ___
4 + ___ = ___
4 + ___ = ___

b)

5 + 0 = ___
5 + 1 = ___
5 + 2 = ___
5 + 3 = ___
5 + ___ = ___
5 + ___ = ___

2 Kreise ein. Setze fort und rechne.

a)

0 + 0 = ___
1 + 1 = ___
2 + 2 = ___
3 + ___ = ___
___ + ___ = ___
___ + ___ = ___

b)

2 + 7 = ___
2 + 6 = ___
2 + 5 = ___
2 + ___ = ___
___ + ___ = ___
___ + ___ = ___

3 a)

10 + 5 = ___
10 + 6 = ___
10 + 7 = ___
10 + ___ = ___
___ + ___ = ___
___ + ___ = ___

b)

10 + 10 = ___
11 + 9 = ___
12 + 8 = ___
13 + ___ = ___
___ + ___ = ___
___ + ___ = ___

QR-Code: Erklärvideo nutzen.
Evtl. Material nutzen.

Aufgabenmuster
Starke Päckchen

1 Setze fort und rechne.

a)
9 − 1 = ___
9 − 2 = ___
9 − 3 = ___
9 − ___ = ___
9 − ___ = ___
9 − ___ = ___

b)
2 − 2 = ___
3 − 2 = ___
4 − 2 = ___
5 − ___ = ___
6 − ___ = ___
7 − ___ = ___

2 Kreise ein. Setze fort und rechne.

a)
10 − 5 = ___
9 − 4 = ___
8 − 3 = ___
7 − ___ = ___
___ − ___ = ___
___ − ___ = ___

b)
7 − 0 = ___
7 − 1 = ___
7 − 2 = ___
7 − ___ = ___
___ − ___ = ___
___ − ___ = ___

3 a)
20 − 1 = ___
19 − 2 = ___
18 − 3 = ___
17 − ___ = ___
___ − ___ = ___
___ − ___ = ___

b)
15 − 5 = ___
15 − 4 = ___
15 − 3 = ___
15 − ___ = ___
___ − ___ = ___
___ − ___ = ___

Evtl. Material nutzen.

Die Zehnerzahlen
Bündeln

1 Immer 10 Kastanien sind in einem Karton.
Wie viele sind es jeweils?

a) 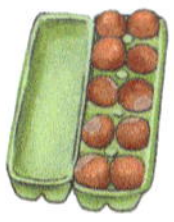

H	Z	E	Zahl
	1	0	10

b) 

H	Z	E	Zahl

c) 

H	Z	E	Zahl

d) 

H	Z	E	Zahl

e) 

H	Z	E	Zahl

f) 

H	Z	E	Zahl

g) 

H	Z	E	Zahl

1 Immer 10 Kastanien sind in einem Karton.
Wie viele sind es jeweils?

a) 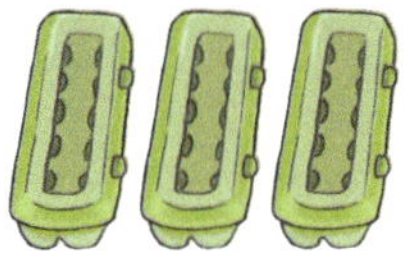

H	Z	E	Zahl
	3	0	30

b) 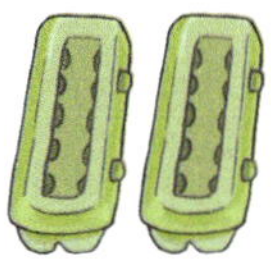

H	Z	E	Zahl

c) 

H	Z	E	Zahl

d) 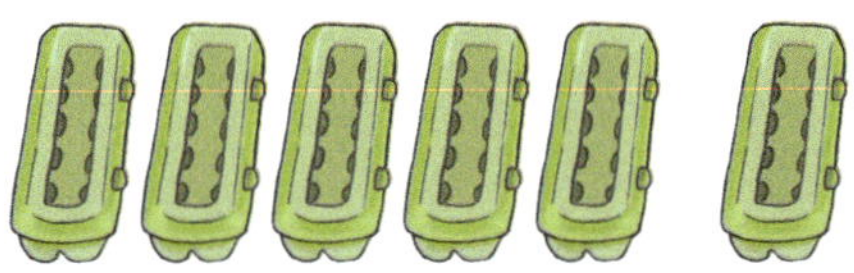

H	Z	E	Zahl

e) 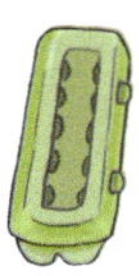

H	Z	E	Zahl

f) 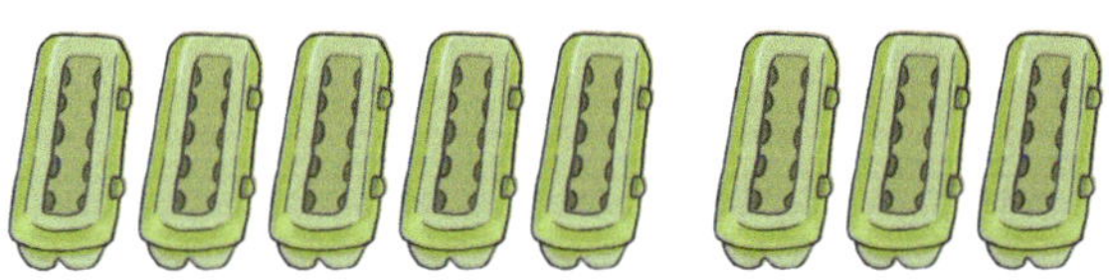

H	Z	E	Zahl

g) 

H	Z	E	Zahl

1

a) 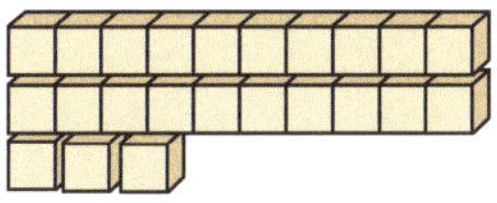

H	Z	E	Zahl
	2	3	23

b) 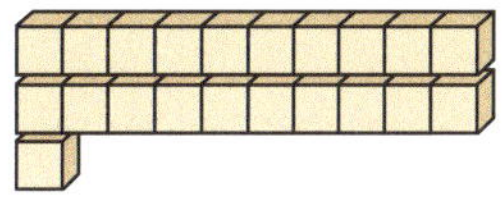

H	Z	E	Zahl

c) 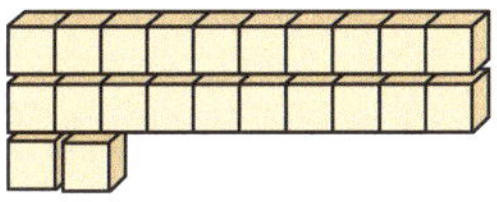

H	Z	E	Zahl

d) 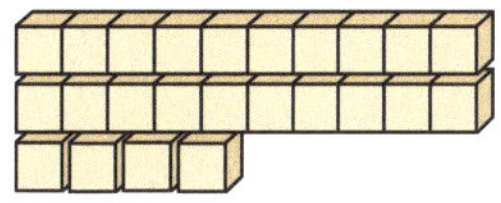

H	Z	E	Zahl

e) 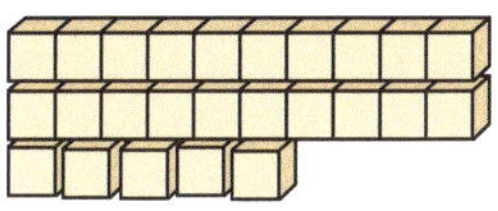

H	Z	E	Zahl

f) 

H	Z	E	Zahl

2

a) 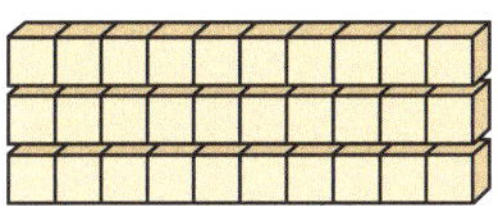

H	Z	E	Zahl

b) 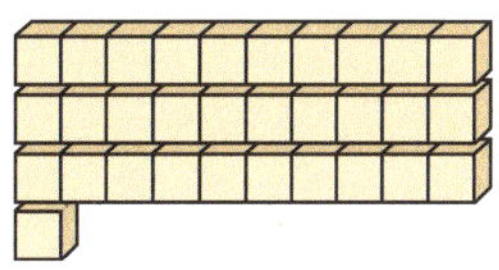

H	Z	E	Zahl

c) 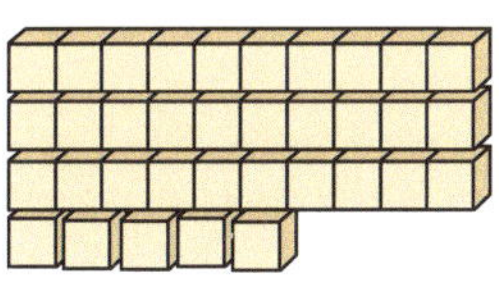

H	Z	E	Zahl

d) 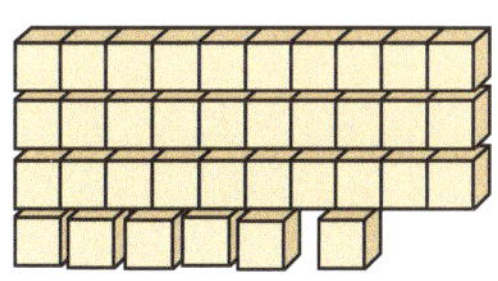

H	Z	E	Zahl

QR-Code: Erklärvideo nutzen.
Zehner und Einer bestimmen.

1

a) 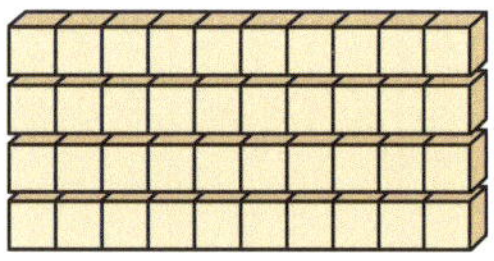

H	Z	E	Zahl
	4	0	40

b) 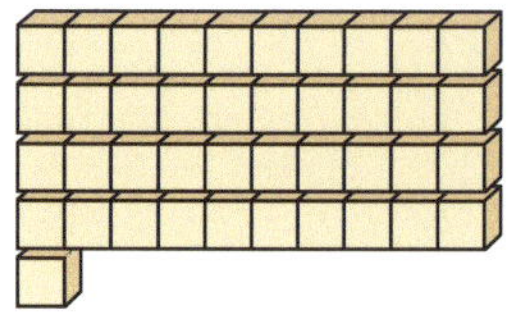

H	Z	E	Zahl

c) 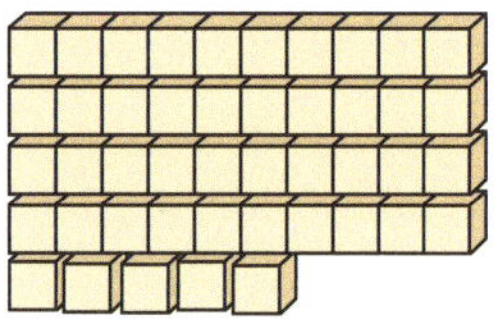

H	Z	E	Zahl

d) 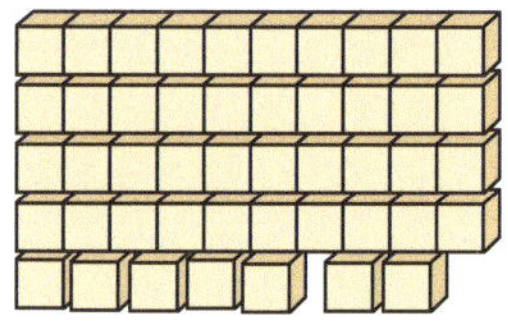

H	Z	E	Zahl

2

a) 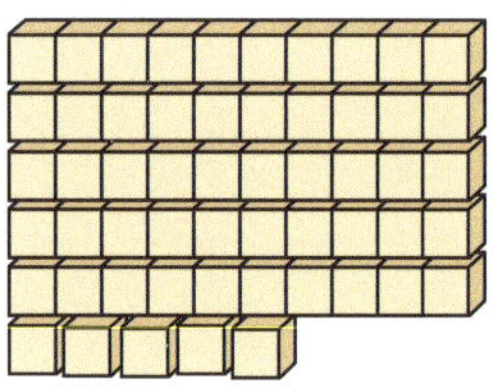

H	Z	E	Zahl

b) 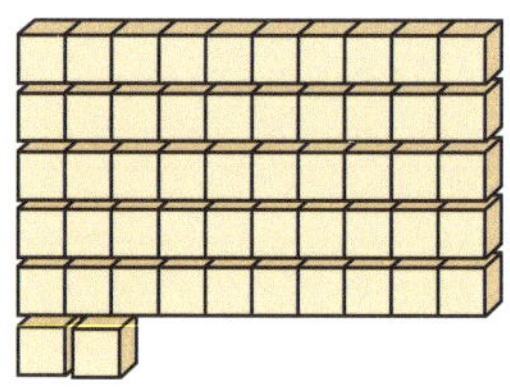

H	Z	E	Zahl

c) 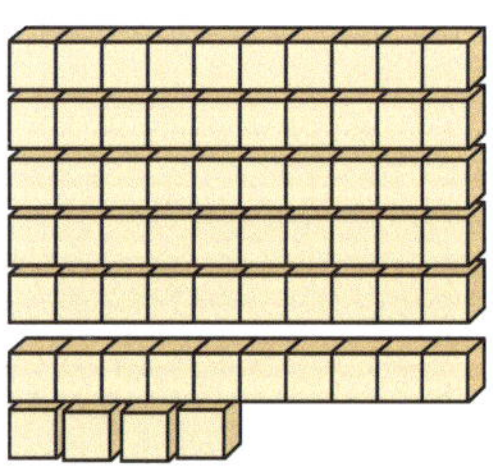

H	Z	E	Zahl

d) 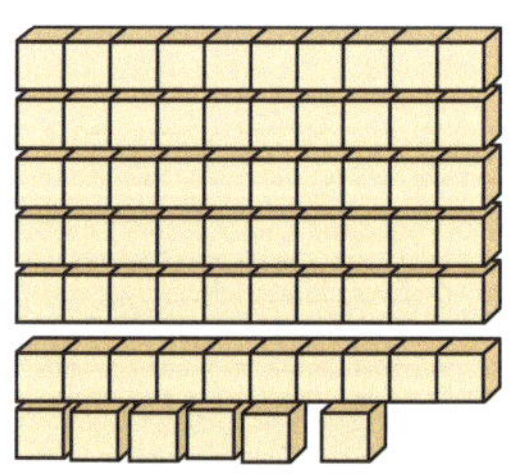

H	Z	E	Zahl

QR-Code: Erklärvideo nutzen.
Zehner und Einer bestimmen.

1

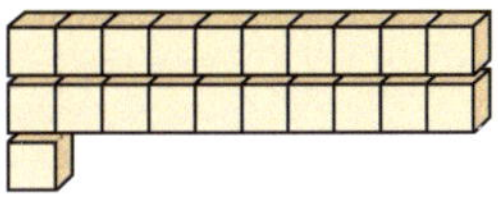

a)

H	Z	E	Zahl
	2	1	21

b)

H	Z	E	Zahl

2 a)

H	Z	E	Zahl

b)

H	Z	E	Zahl

c)

H	Z	E	Zahl

3 a)

H	Z	E	Zahl

b)

H	Z	E	Zahl

c)

H	Z	E	Zahl

Zehner und Einer bestimmen.

1 a)

H	Z	E	Zahl
	5	1	51

b)

H	Z	E	Zahl

c)

H	Z	E	Zahl

2 a)

H	Z	E	Zahl

b)

H	Z	E	Zahl

c)

H	Z	E	Zahl

3 a)

H	Z	E	Zahl

b)

H	Z	E	Zahl

c)

H	Z	E	Zahl

Zehner und Einer bestimmen.

1

a) 

13

b)

15

c)

23

d)

27

2

a)

32

b)

34

c)

43

d)

45

Anzahlen als Zehner und Einer zeichnen.

1 a)

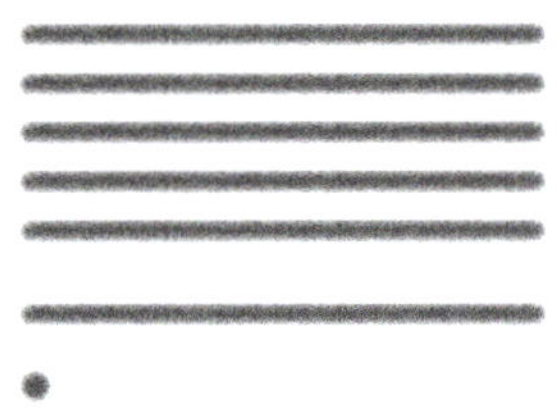

61

b)

66

c)

53

d)

55

e)

74

f)

76

Anzahlen als Zehner und Einer zeichnen.

1 Zerlege in Zehner und Einer.

a) 3 2 32 = 30 + 2

3 7 37 = 30 + ___

b) 6 1 61 = 60 + ___

6 5 65 = 60 + ___

2 a) 2 3 23 = ___ + ___

2 8 28 = ___ + ___

b) 7 2 72 = ___ + ___

7 5 75 = ___ + ___

c) 8 4 84 = ___ + ___

8 6 86 = ___ + ___

d) 1 9 19 = ___ + ___

1 1 11 = ___ + ___

e) 9 5 95 = ___ + ___

9 2 92 = ___ + ___

f) 4 6 46 = ___ + ___

4 3 43 = ___ + ___

g) 5 9 59 = ___ + ___

5 8 58 = ___ + ___

h) 7 4 74 = ___ + ___

7 7 77 = ___ + ___

Material nutzen.

1

a) dreiundzwanzig 23

fünfundzwanzig ___

b) vierundvierzig ___

zweiundvierzig ___

c) neunundsechzig ___

achtundsechzig ___

d) einundachtzig ___

sechsundachtzig ___

e) siebenundsiebzig ___

einundsiebzig ___

f) achtunddreißig ___

fünfunddreißig ___

2

a) zweiundfünfzig ___

zweiundneunzig ___

b) vierundneunzig ___

vierundfünfzig ___

3

a) dreiundachtzig ___

siebenunddreißig ___

b) achtundzwanzig ___

zweiundsiebzig ___

Evtl. Zahlwörter vorlesen.

1

a) 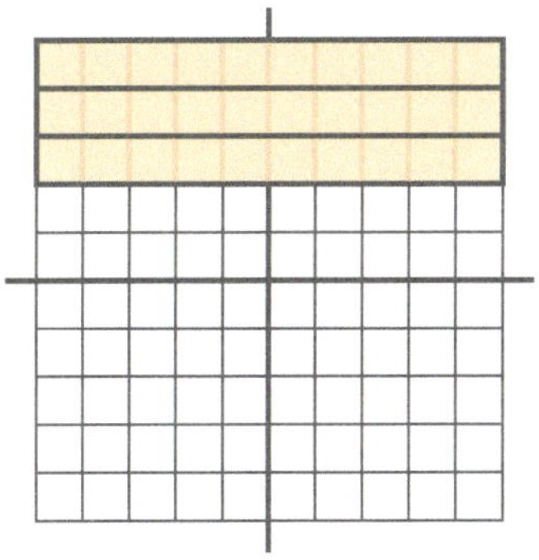

30

b) 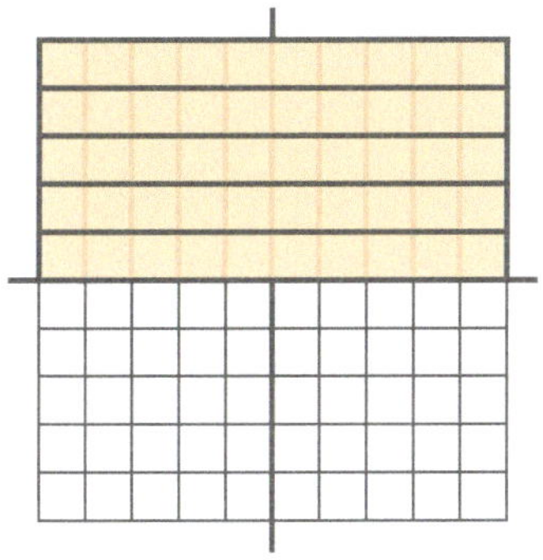

____

c) 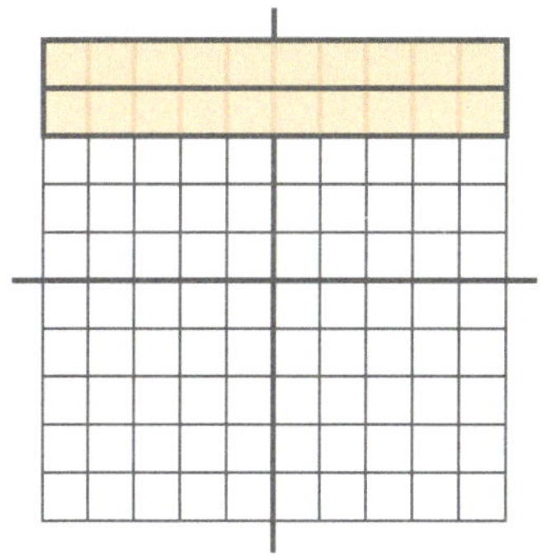

____

d) 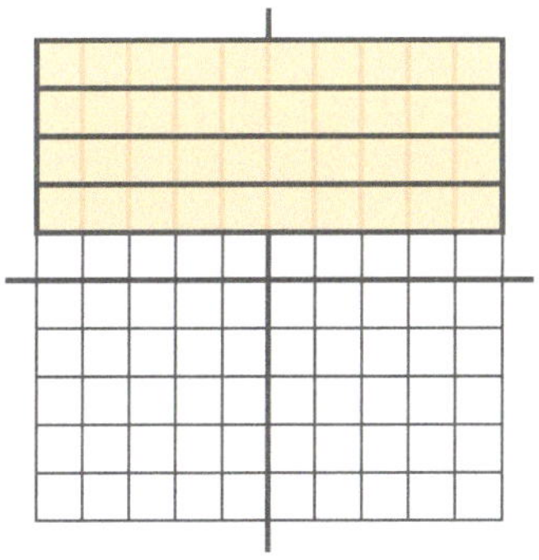

____

e) 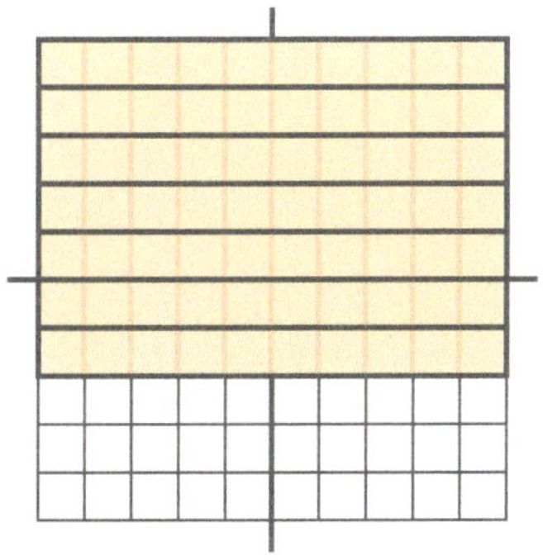

____

f) 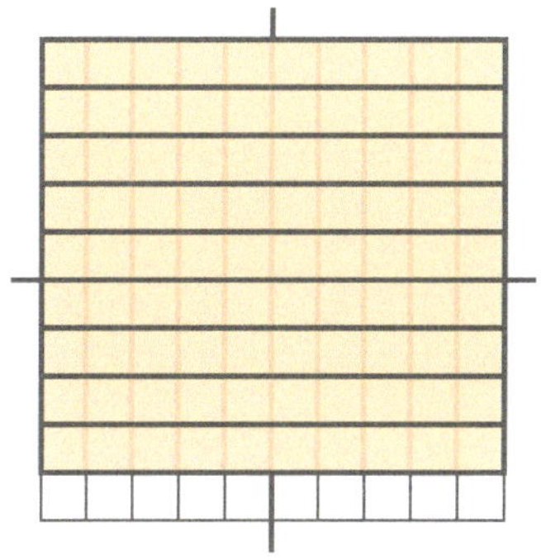

____

g) 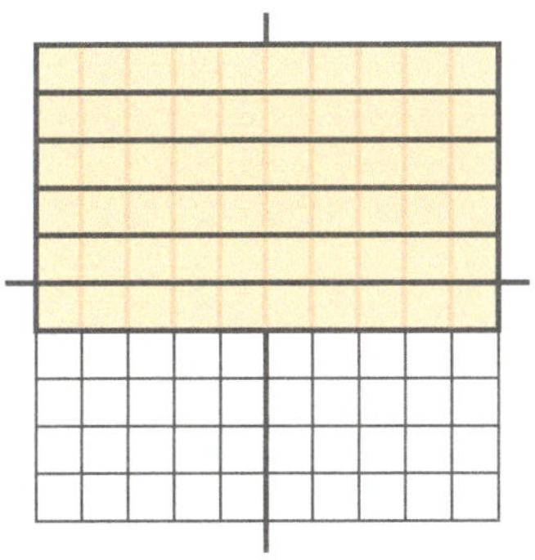

____

h) 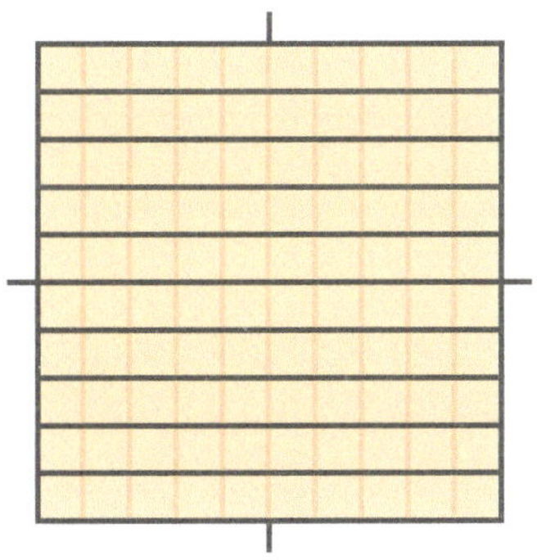

____

i) 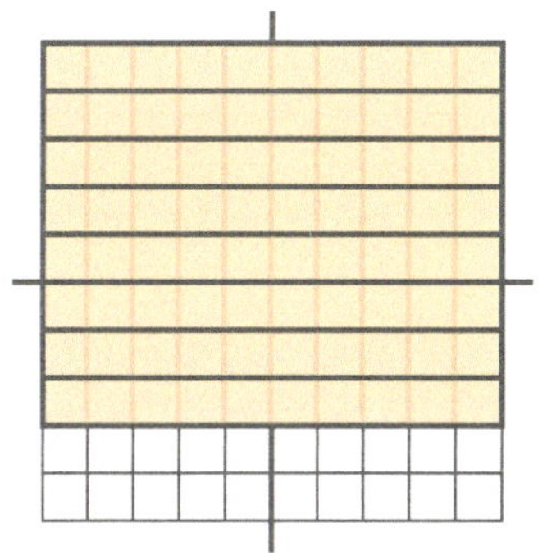

____

2

a) 12 + 3

2 + 3 = ____

12 + 3 = ____

b) 13 + 7

3 + 7 = ____

13 + 7 = ____

c) 14 + 4

4 + 4 = ____

14 + 4 = ____

QR-Code: Erklärvideo nutzen.

1 a)

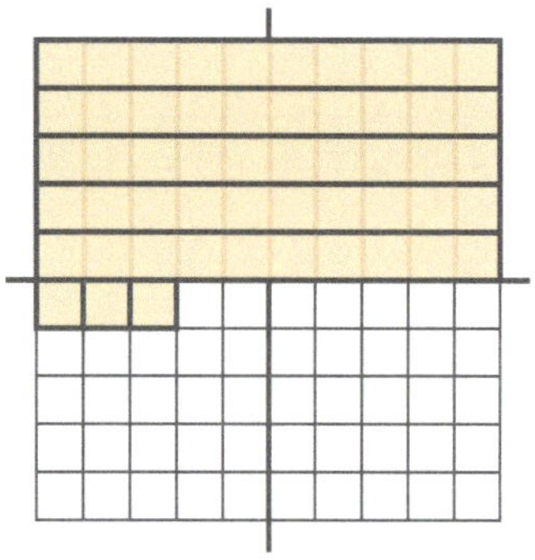

53

b)

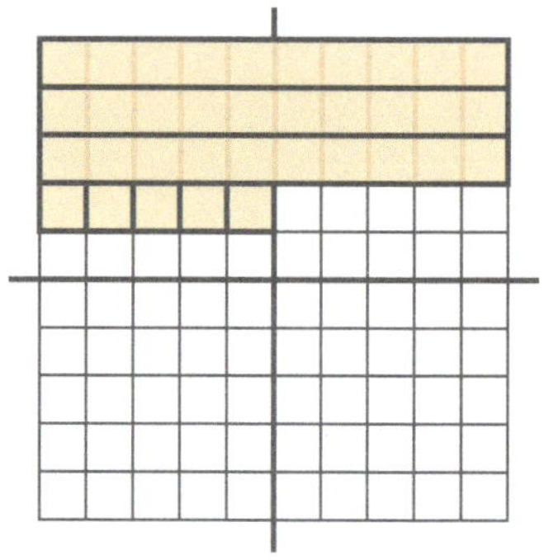

____

c)

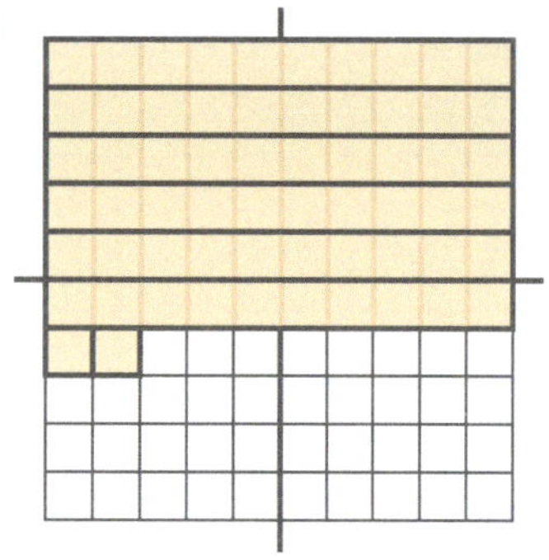

____

d)

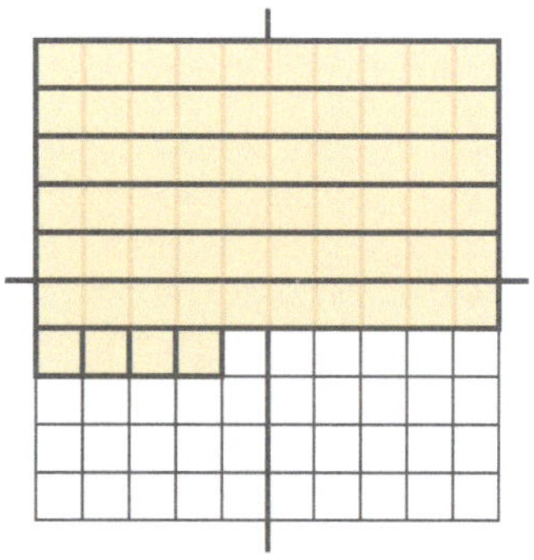

____

e)

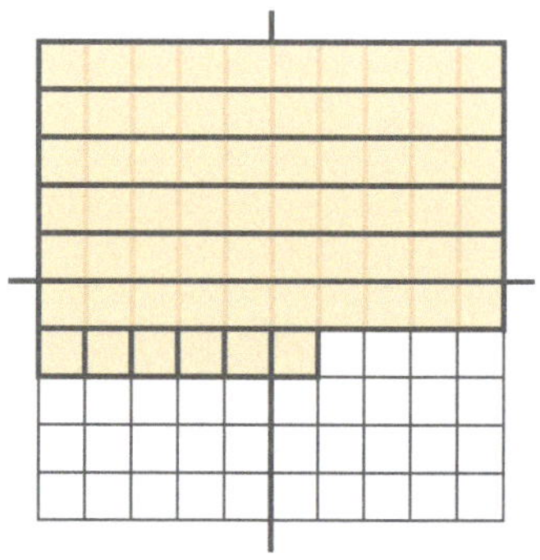

____

f)

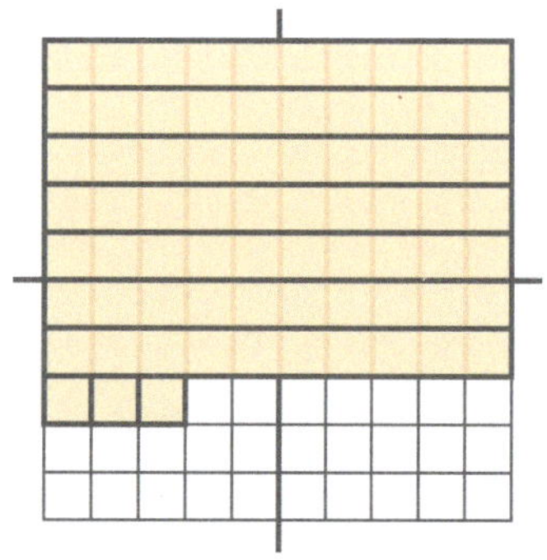

____

g)

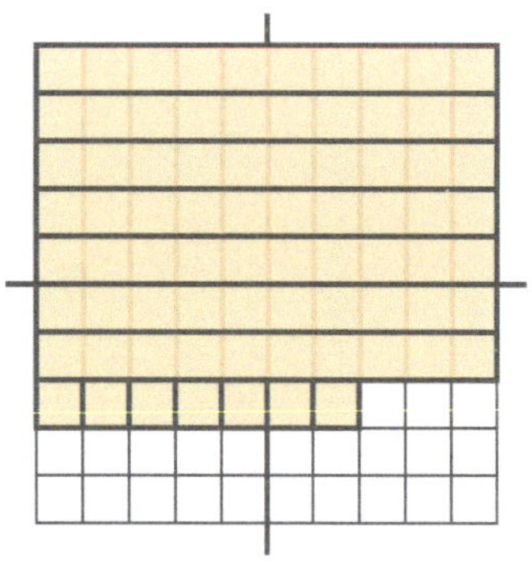

____

h)

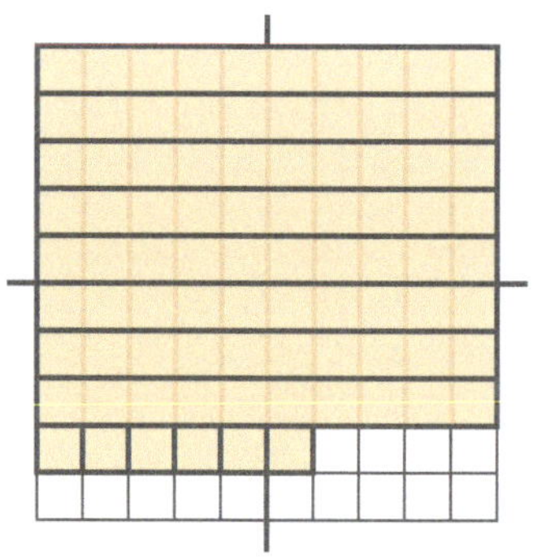

____

i)

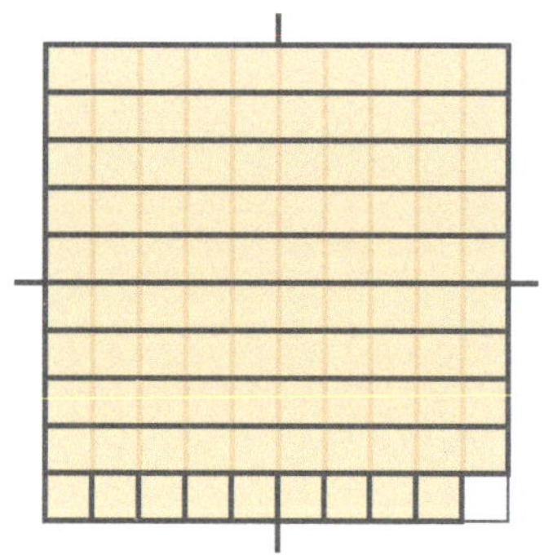

____

2 a) 13 − 2

3 − 2 = ____

13 − 2 = ____

b) 18 − 4

8 − 4 = ____

18 − 4 = ____

c) 15 − 5

5 − 5 = ____

15 − 5 = ____

QR-Code: Erklärvideo nutzen.

1 a)

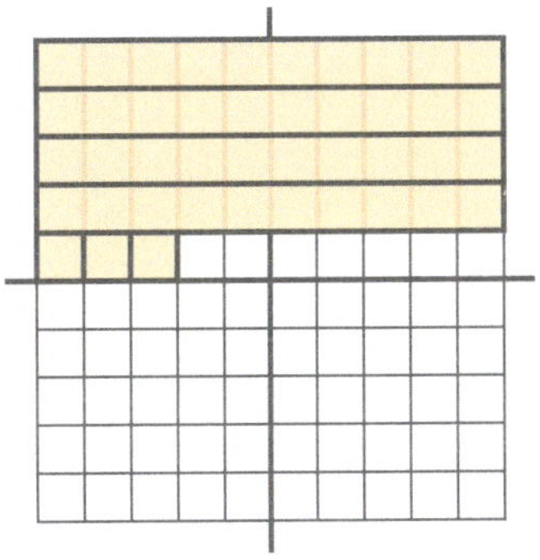

43

b)

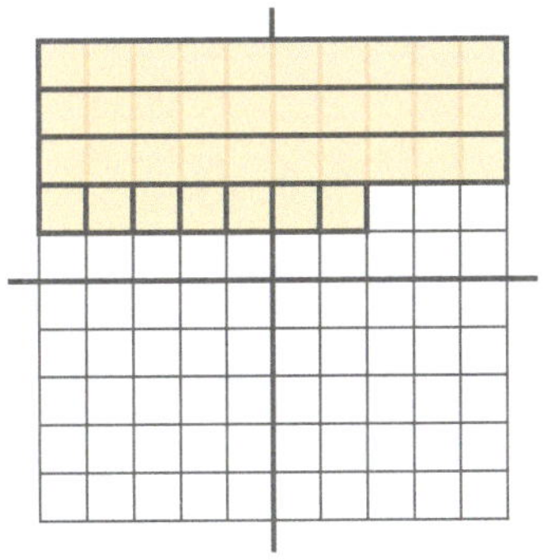

c)

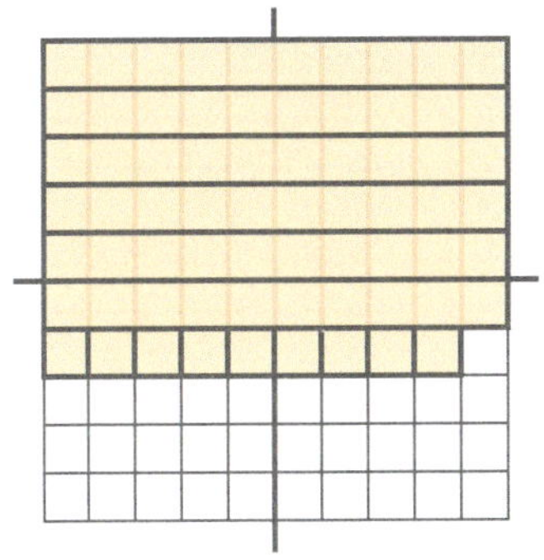

d)

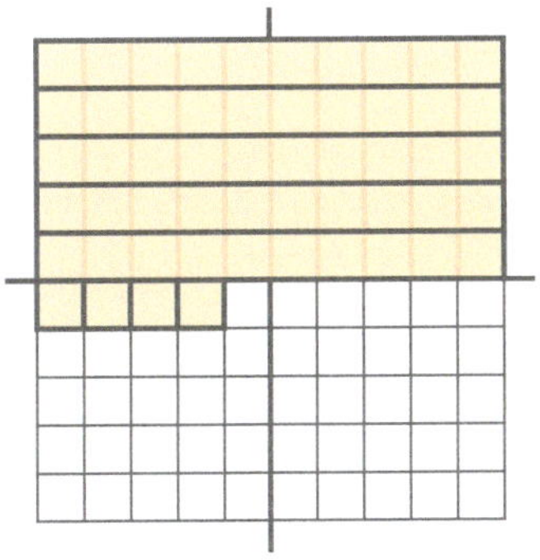

e)

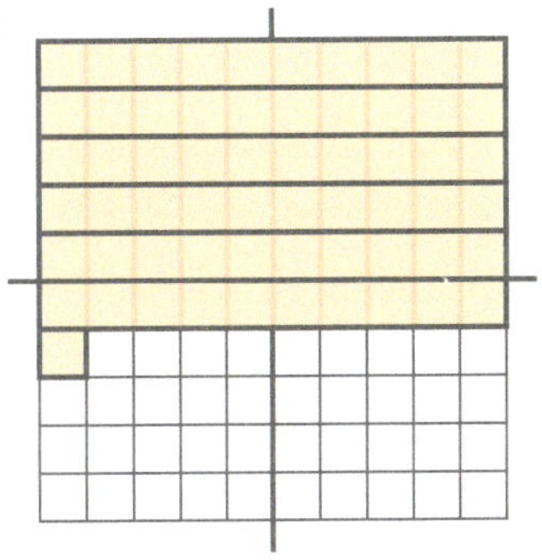

f)

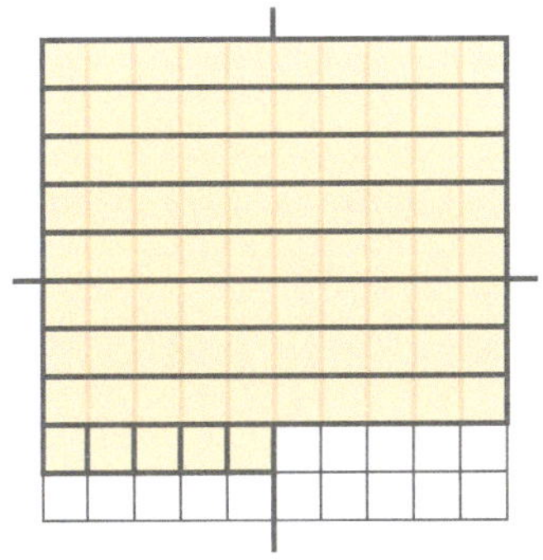

g)

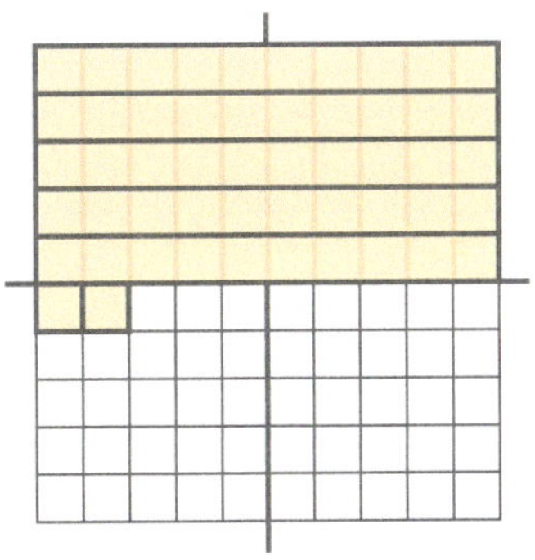

h)

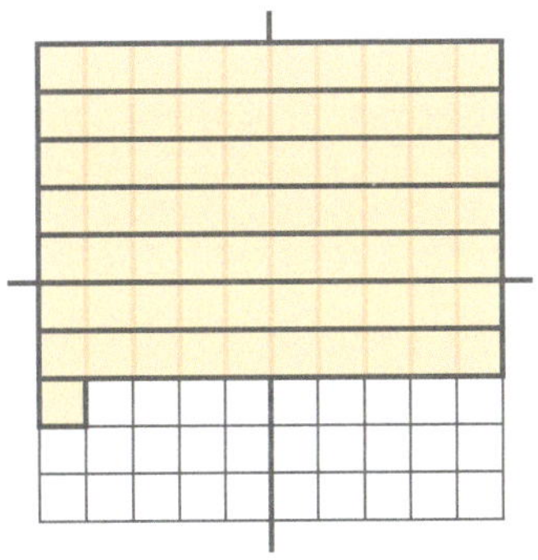

i)

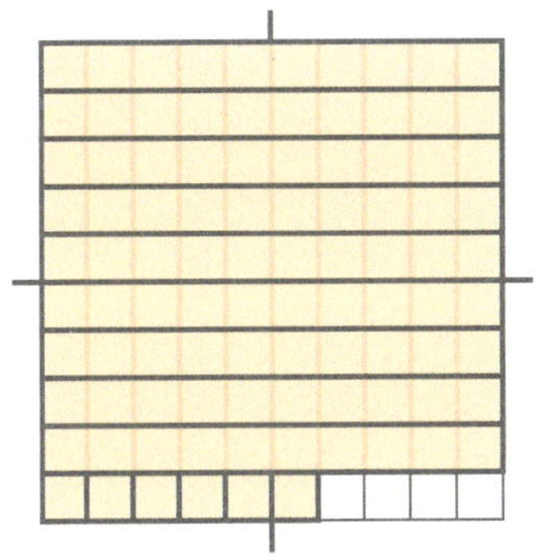

2

a) 9

1	+	
5	+	
7	+	

b) 9

9	+	
2	+	
6	+	

QR-Code: Erklärvideo nutzen.

1

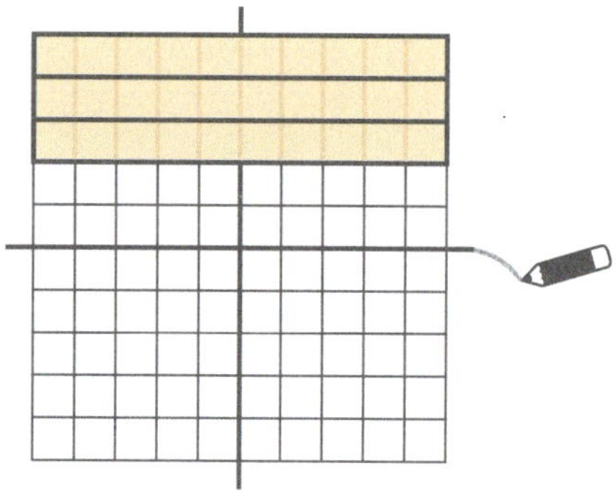

86

30

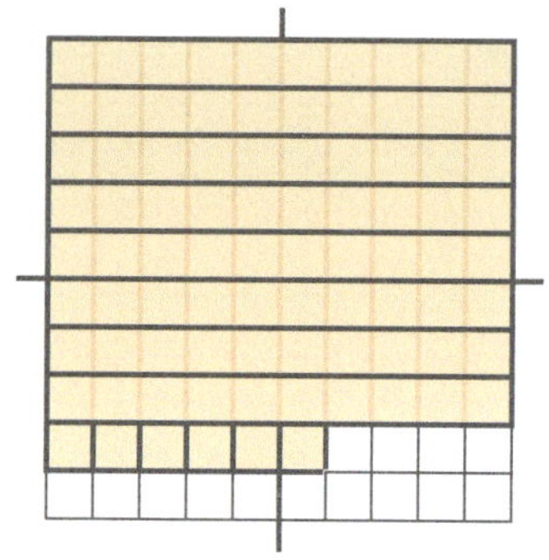

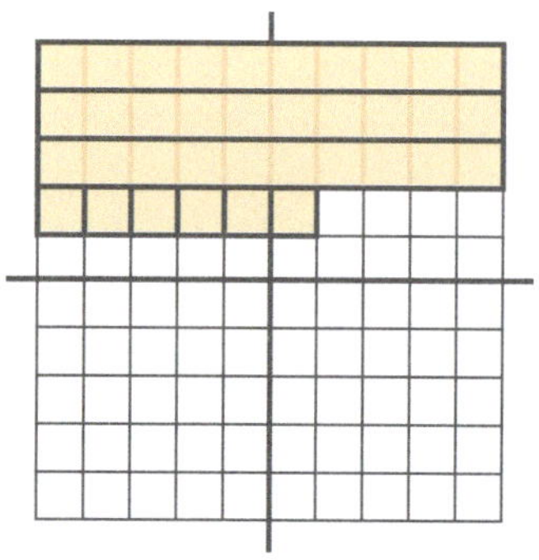

36

25

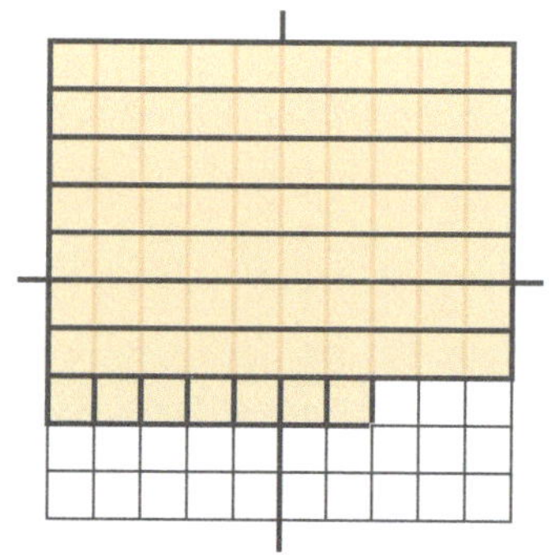

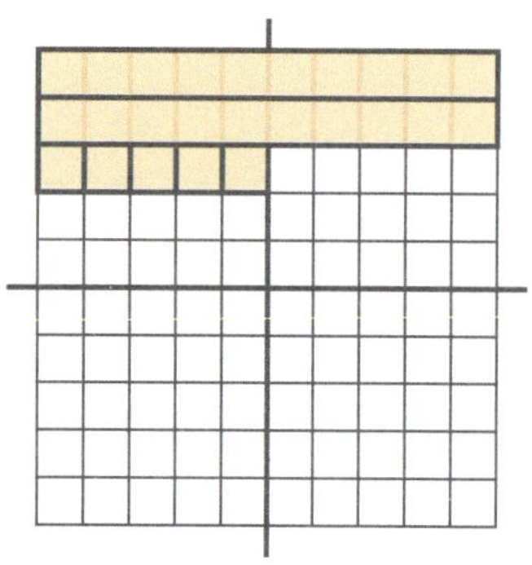

77

100

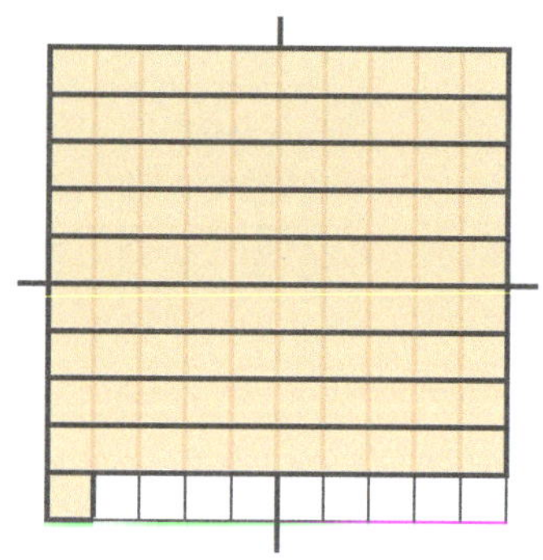

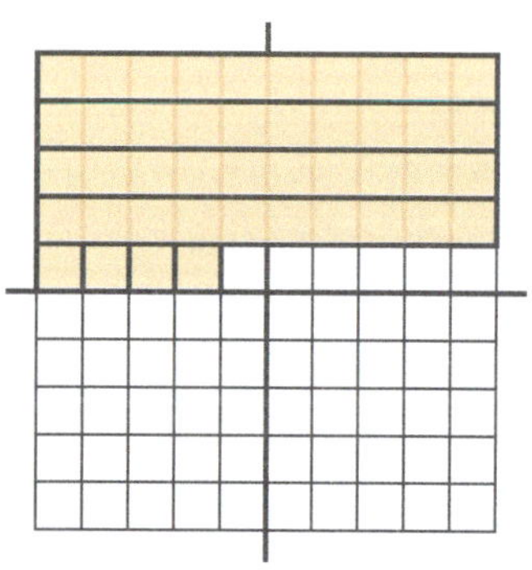

44

91

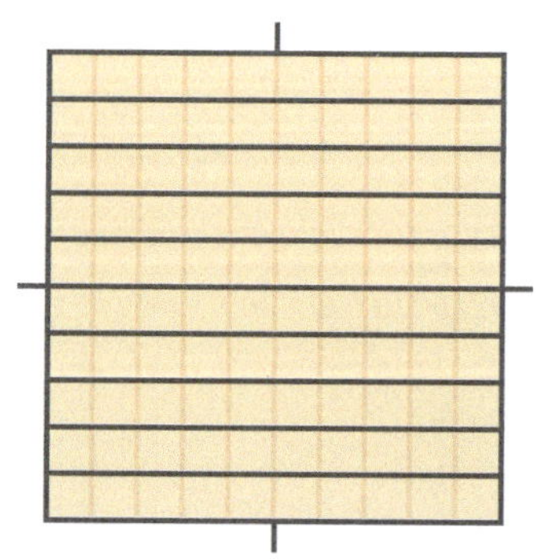

Passende Zahlen zuordnen.

1

zweiundsiebzig

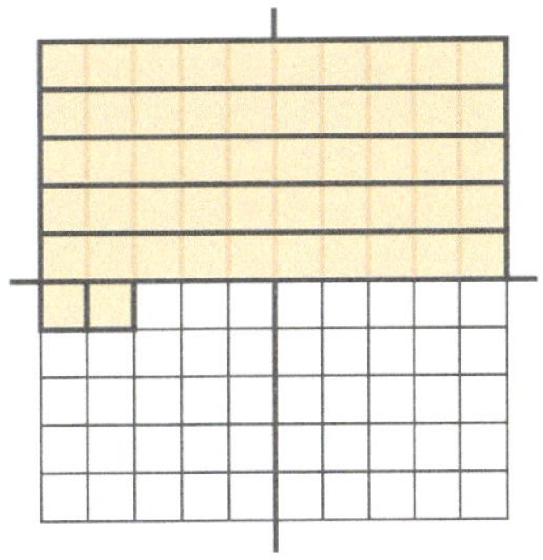

72

zweiundfünfzig

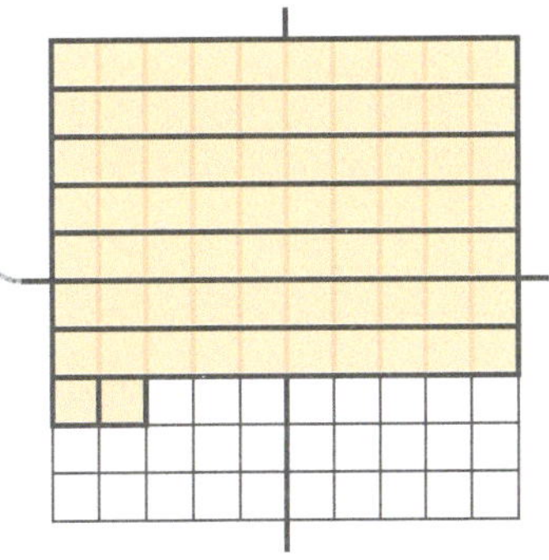

25

siebenundzwanzig

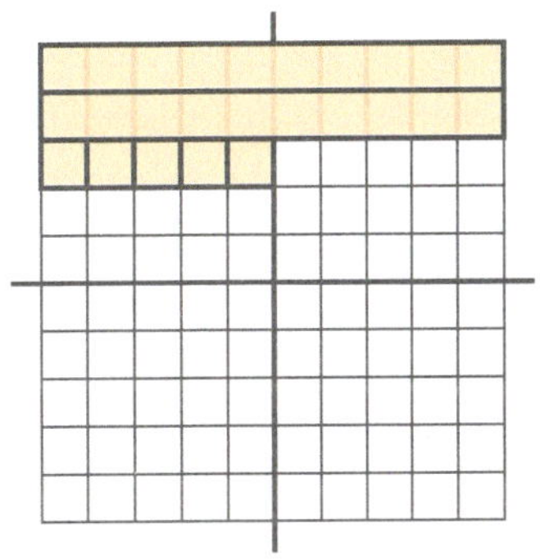

52

fünfundzwanzig

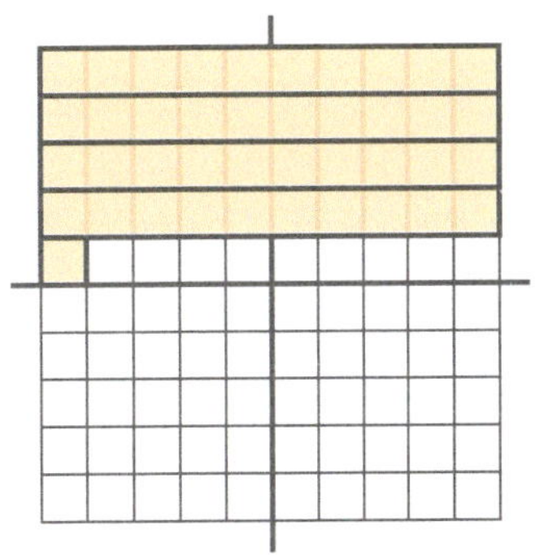

27

einundvierzig

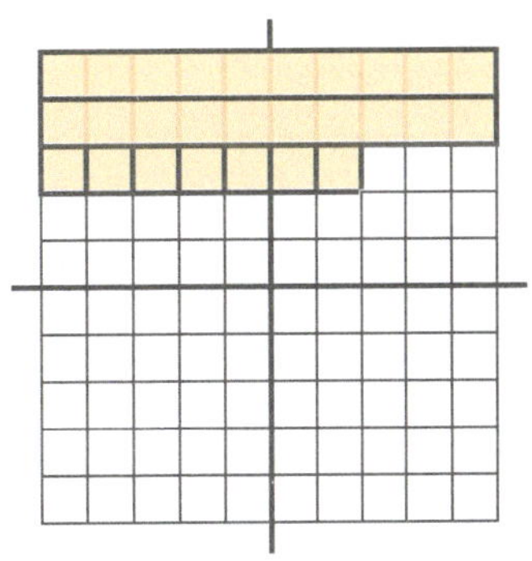

41

Zahlwort mit passendem Hunderterfeld und Zahl verbinden.

1

dreiundachtzig

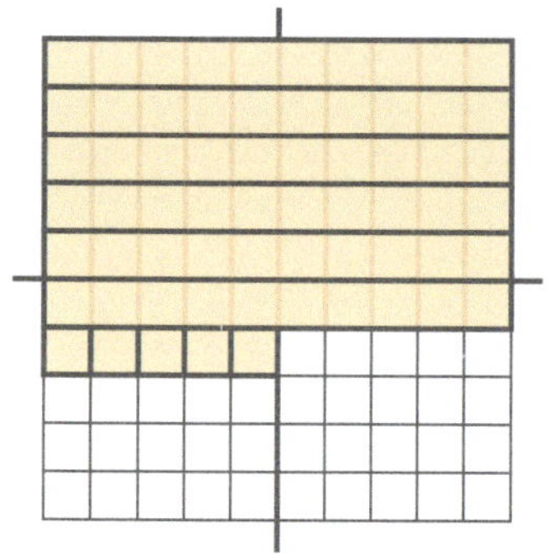

83

fünfundsechzig

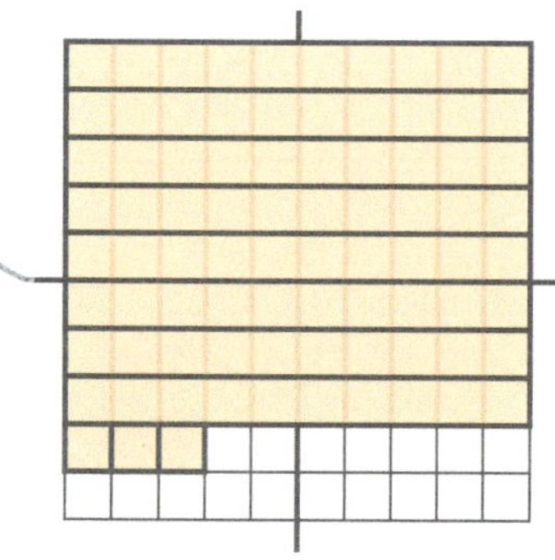

36

sechsunddreißig

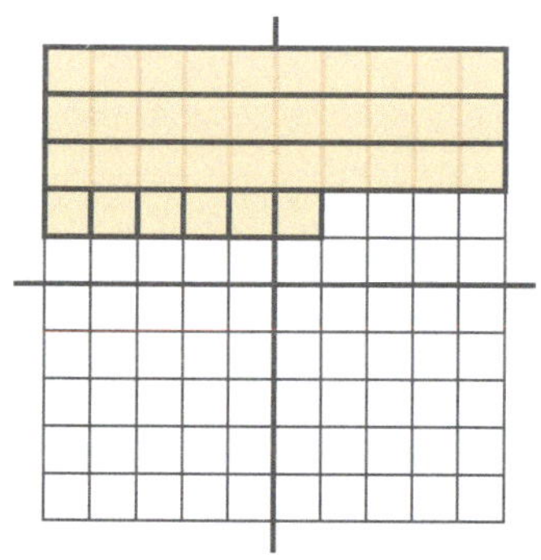

65

neunundneunzig

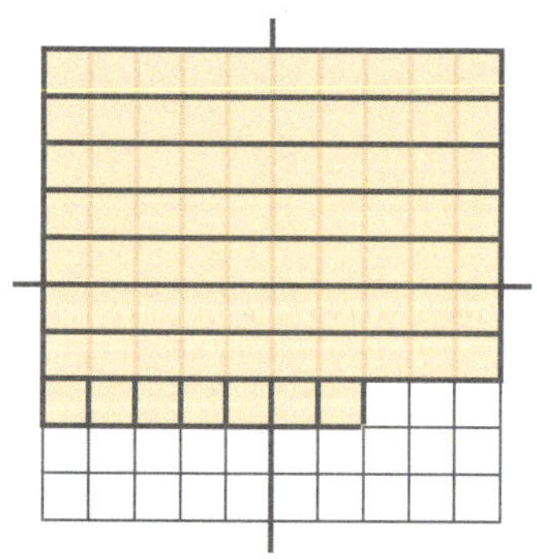

99

siebenundsiebzig

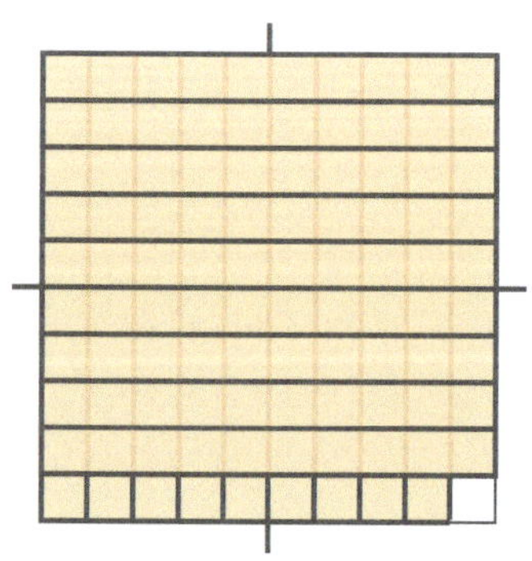

77

Zahlwort mit passendem Hunderterfeld und Zahl verbinden.

1 Wie viele Punkte sind es?

a)
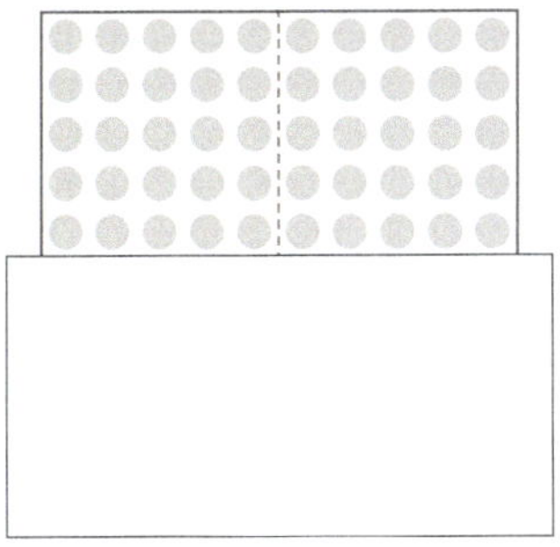

50

b)

___

c)

___

d)

___

e)
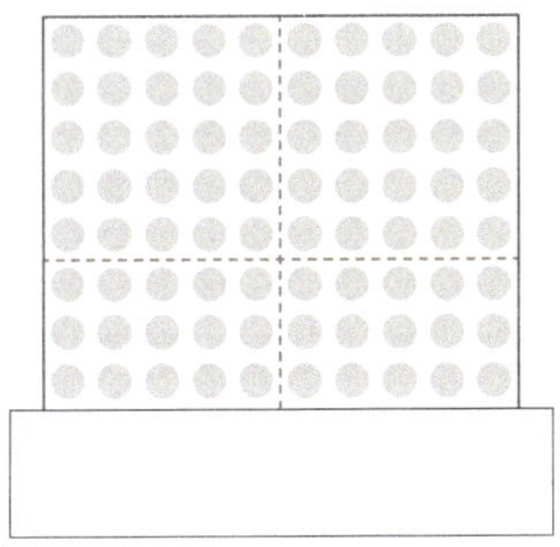

___

f)

___

g)
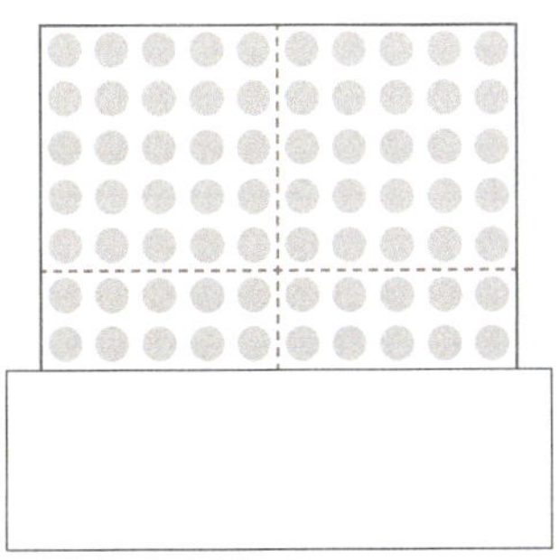

___

h)

___

i)
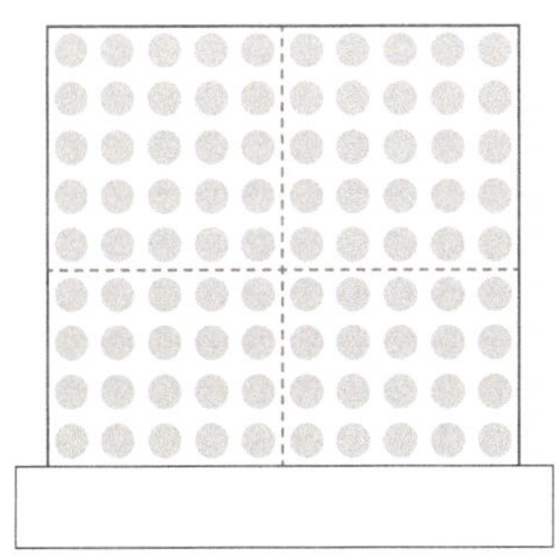

___

QR-Code: Erklärvideo nutzen.

1 Wie viele Punkte sind es?

a) 

15

b) 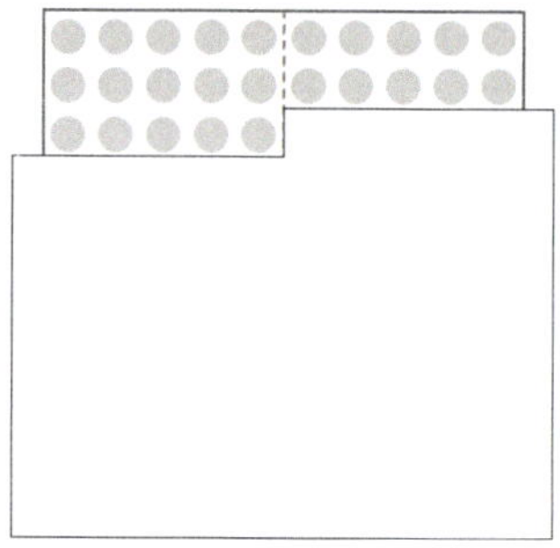

____

c) 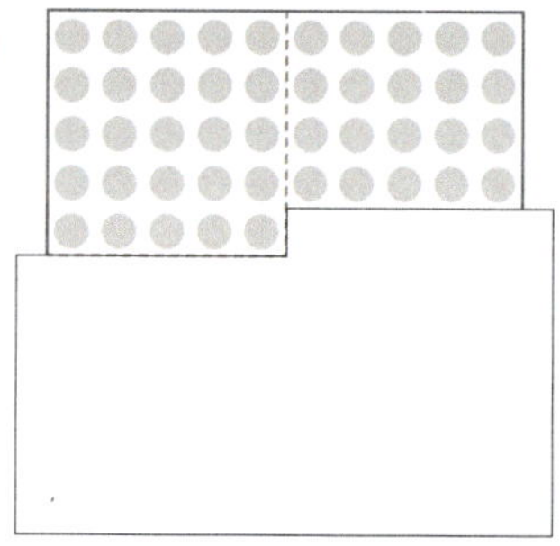

____

d) 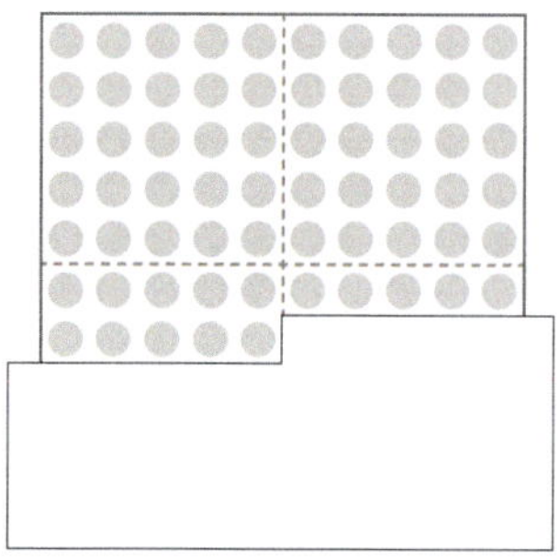

____

e) 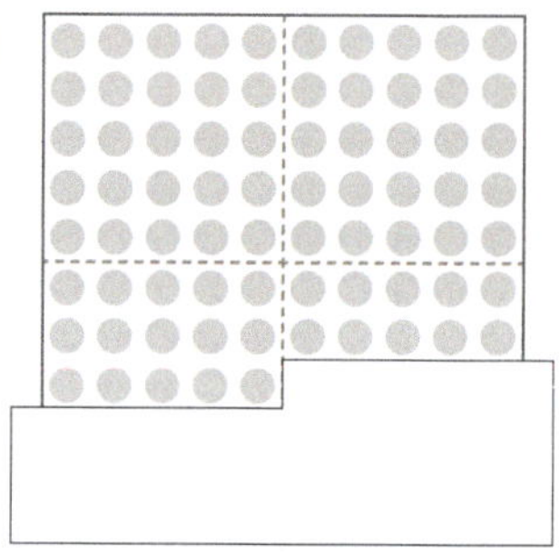

____

f) 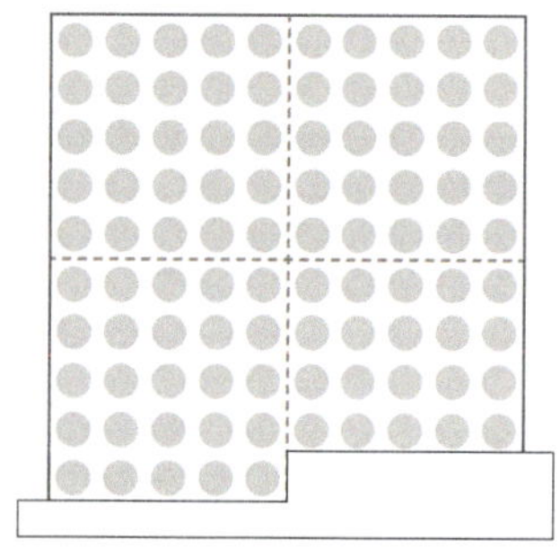

____

g) 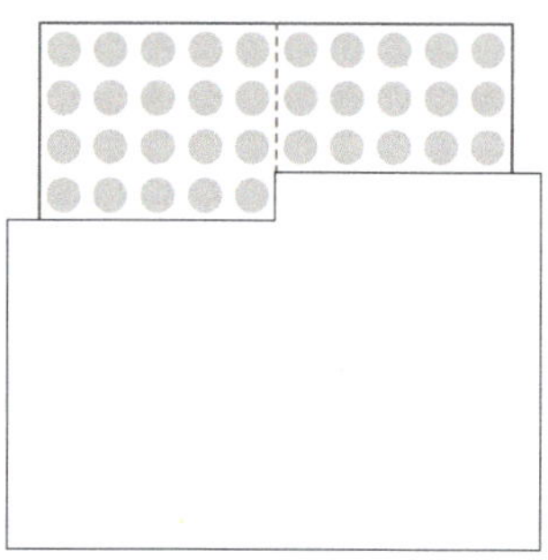

____

h) 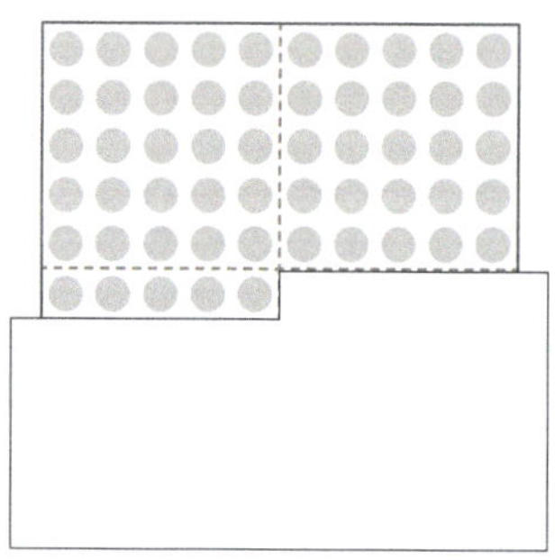

____

i) 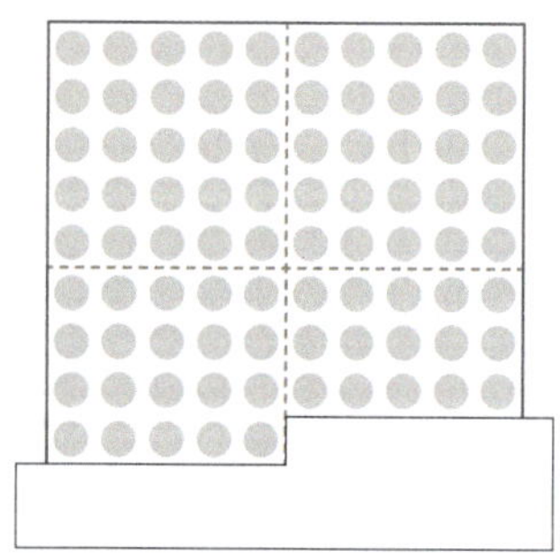

____

QR-Code: Erklärvideo nutzen.

1 Wie viele Punkte sind es?

a) 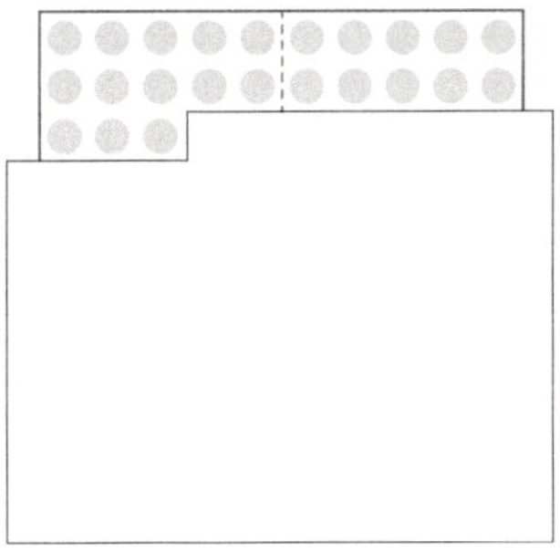

23

b) 

___

c) 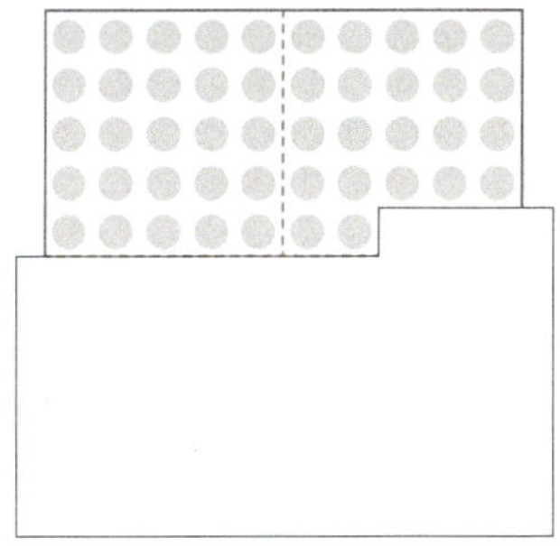

___

d) 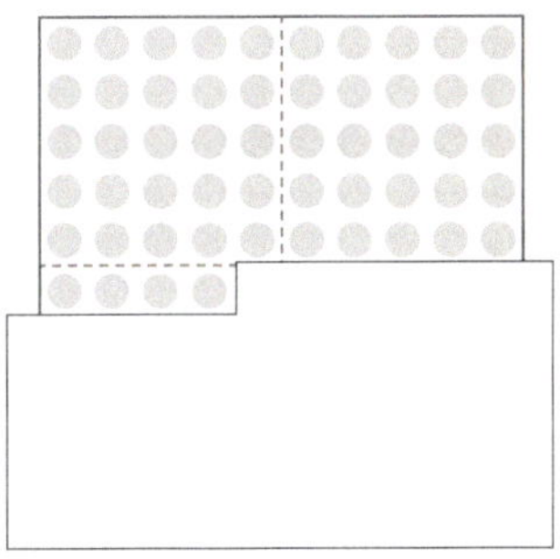

___

e) 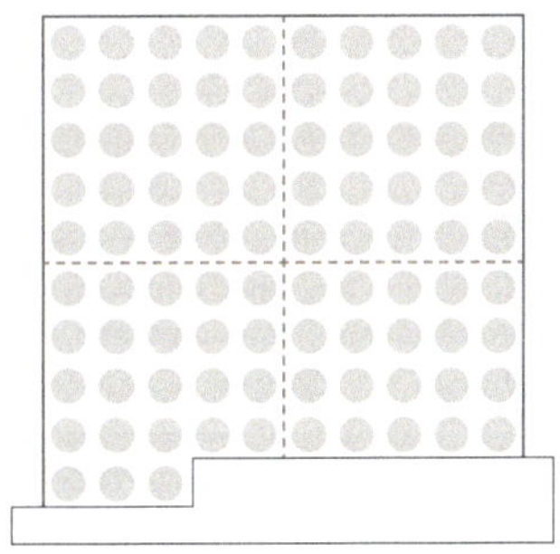

___

f) 

___

g) 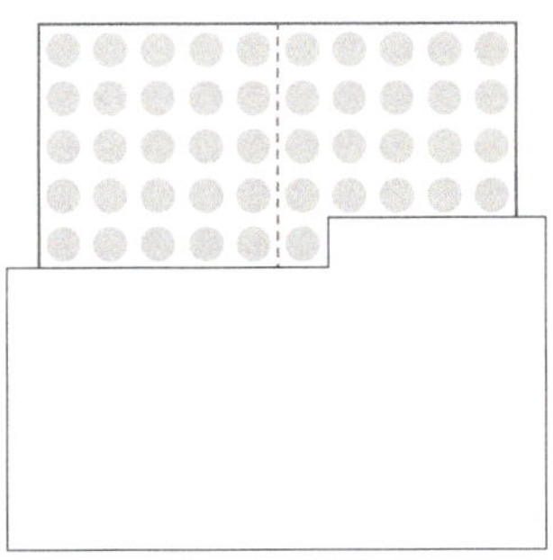

___

h) 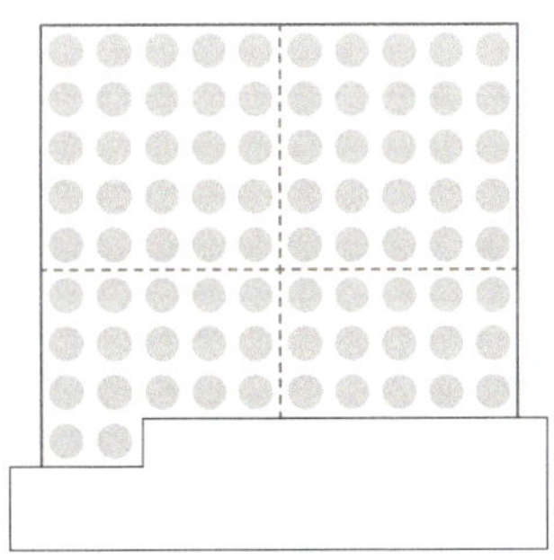

___

i) 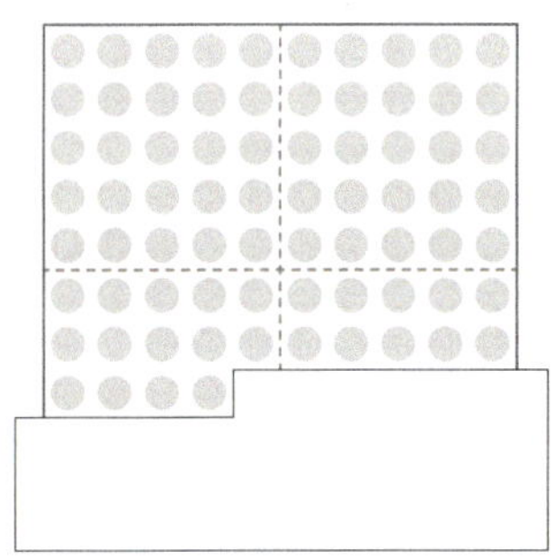

___

QR-Code: Erklärvideo nutzen.

1 Wie viele Punkte sind es?

a) 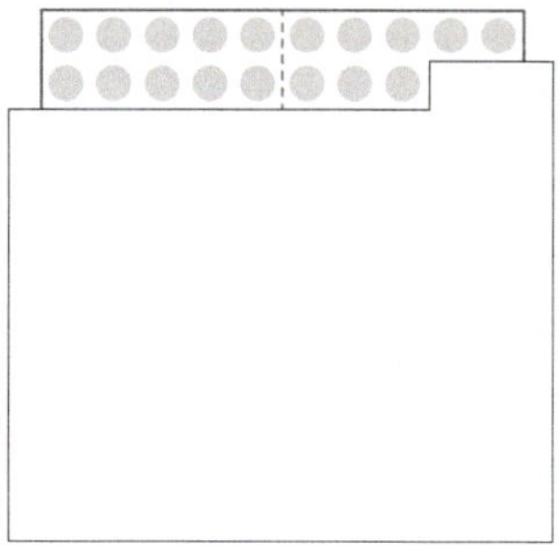

18

b) 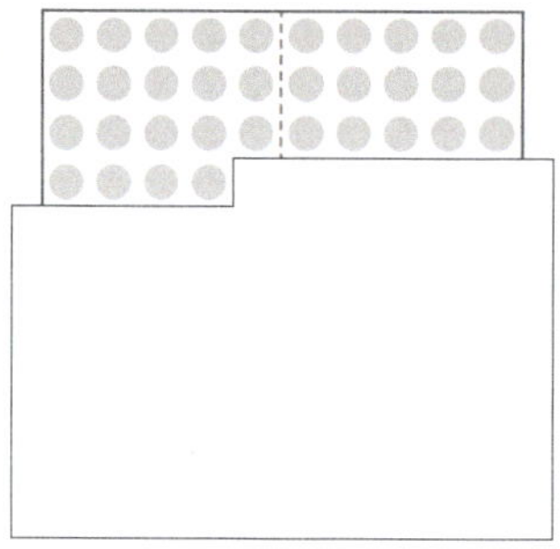

____

c) 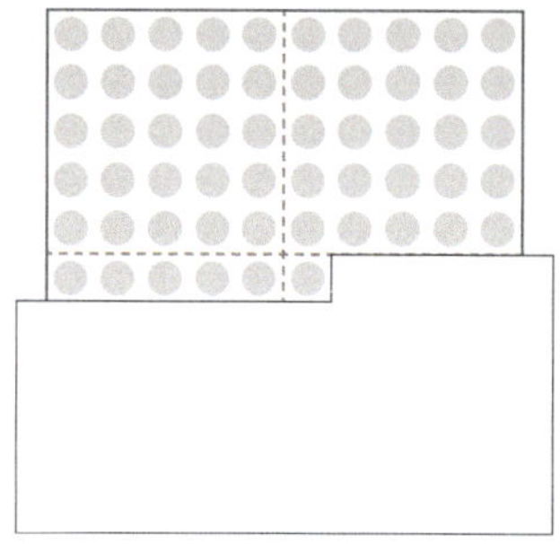

____

d) 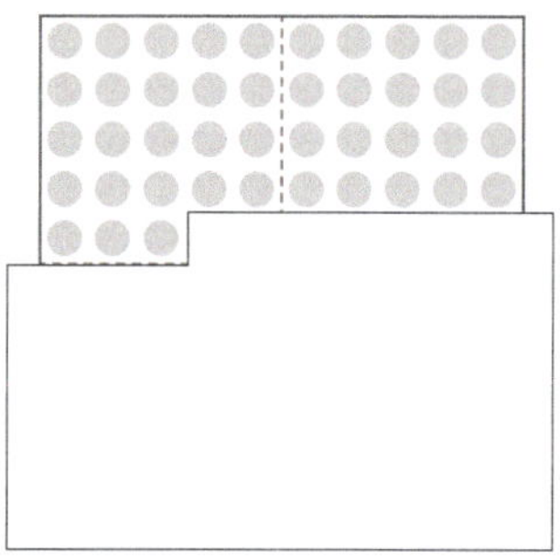

____

e) 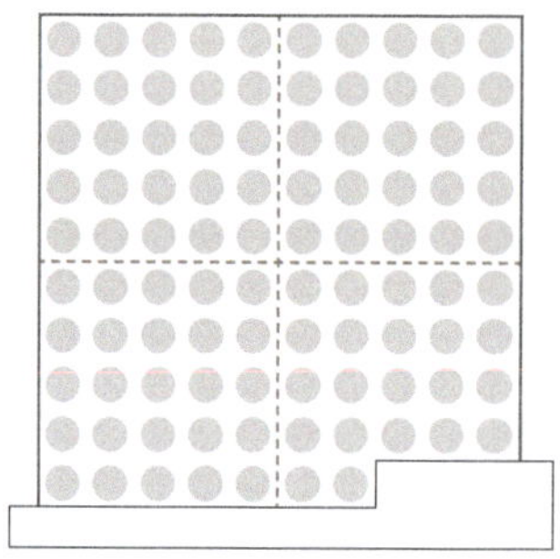

____

f) 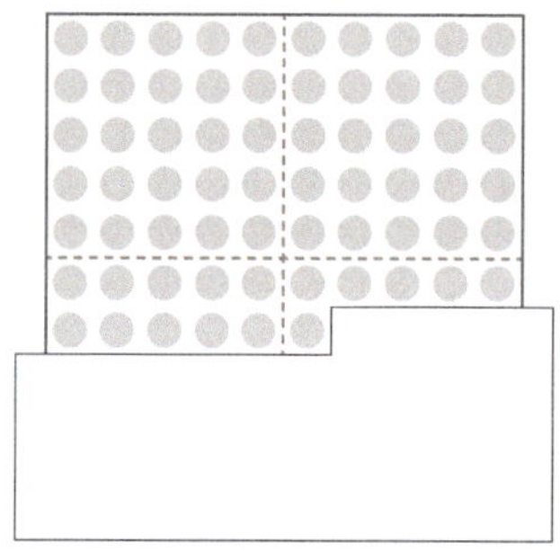

____

g) 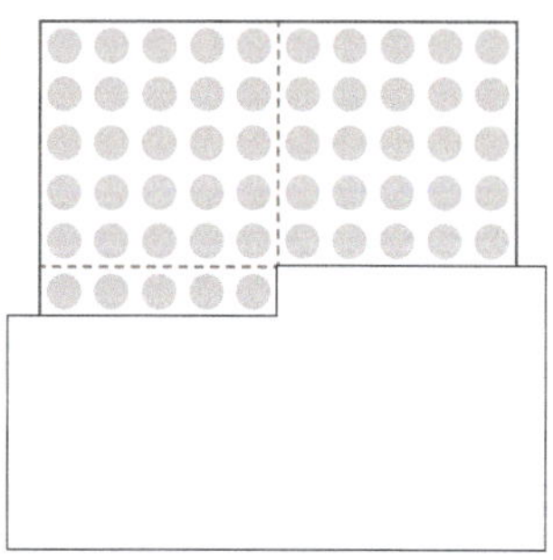

____

h) 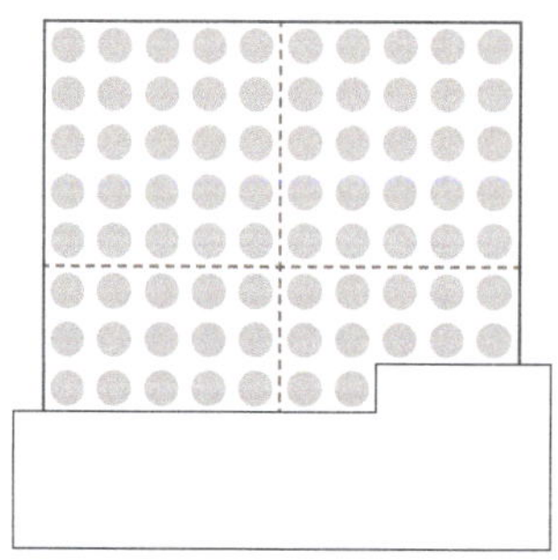

____

i) 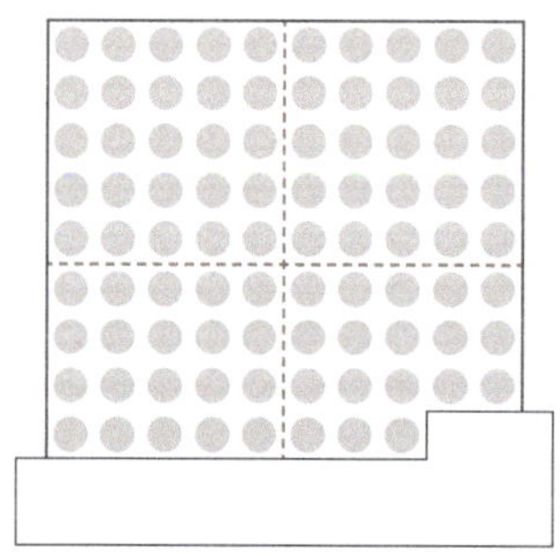

____

QR-Code: Erklärvideo nutzen.

1 a) 11 + 7

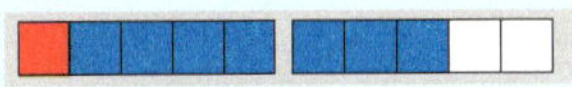

1 + 7 = ____

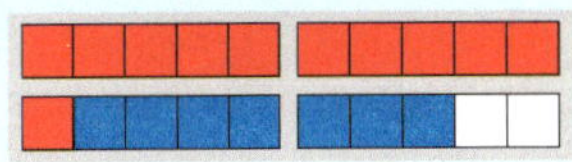

11 + 7 = ____

b) 17 + 3

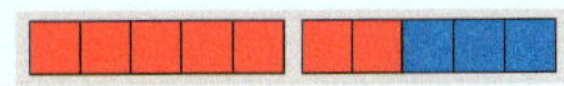

7 + 3 = ____

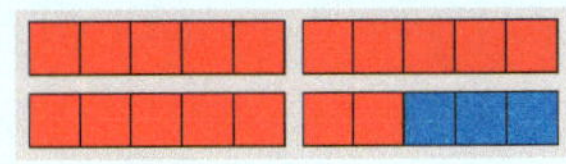

17 + 3 = ____

2 a) 17 − 6

7 − 6 = ____

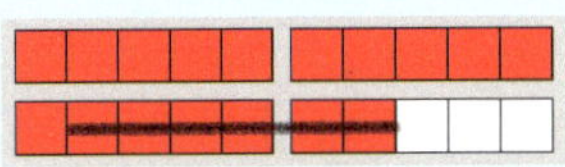

17 − 6 = ____

b) 18 − 7

8 − 7 = ____

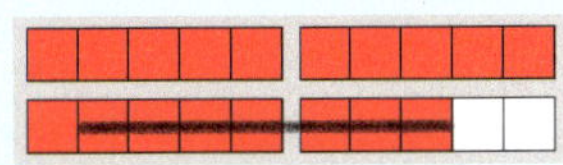

18 − 7 = ____

3 a) 5 + 8

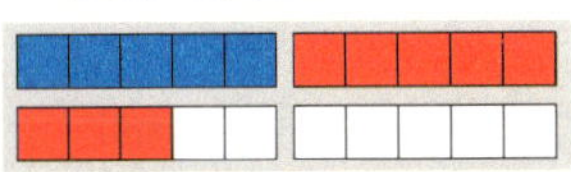

5 + ____ = **10**

10 + ____ = ____

b) 5 + 9

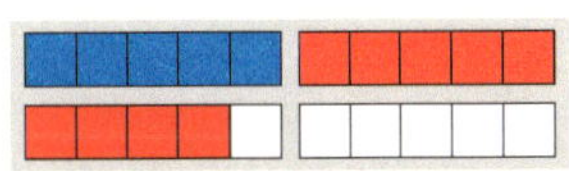

5 + ____ = **10**

10 + ____ = ____

4 a) 17 − 8

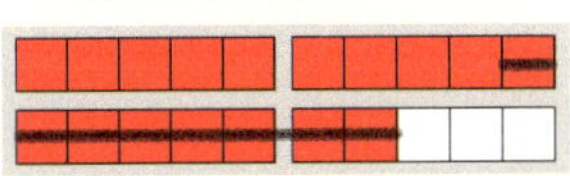

17 − ____ = **10**

10 − ____ = ____

b) 17 − 9

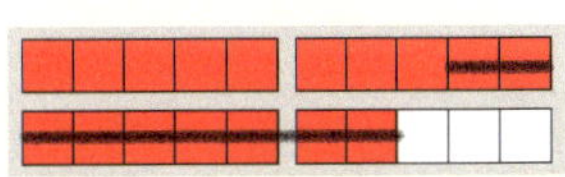

17 − ____ = **10**

10 − ____ = ____

1 und 2 Analogien nutzen.

1 a)

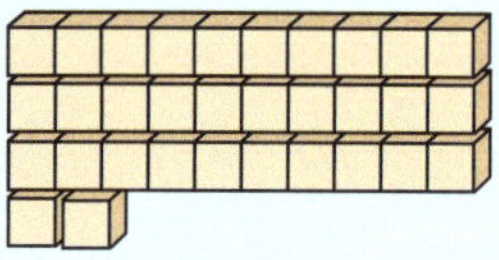

H	Z	E	Zahl

b)

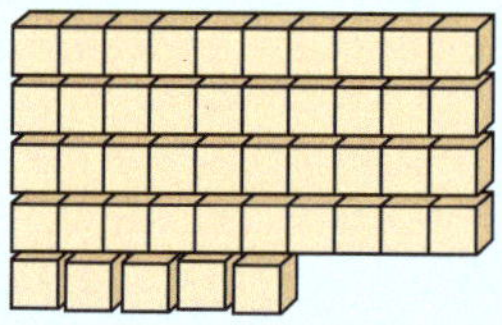

H	Z	E	Zahl

c)

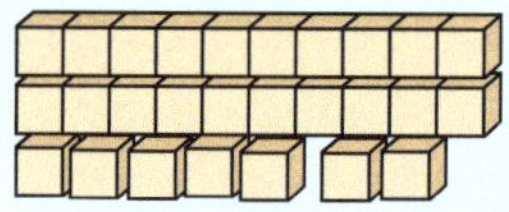

H	Z	E	Zahl

2 a)

H	Z	E	Zahl

b)

H	Z	E	Zahl

c)

H	Z	E	Zahl

3 Zerlege in Zehner und Einer.

a)

4 9 49 = ____ + ____

2 4 24 = ____ + ____

6 1 61 = ____ + ____

b)

9 8 98 = ____ + ____

7 4 74 = ____ + ____

4 7 47 = ____ + ____

Selbsteinschätzung thematisieren.
Zuerst Aufgaben lösen, dann selbst einschätzen.

1	2	3	4	5	6	7	8	9	10
11	12	13	14	15	16	17	18	19	20
21	22	23	24	25	26	27	28	29	30
31	32	33	34	35	36	37	38	39	40
41	42	43	44	45	46	47	48	49	50
51	52	53	54	55	56	57	58	59	60
61	62	63	64	65	66	67	68	69	70
71	72	73	74	75	76	77	78	79	80
81	82	83	84	85	86	87	88	89	90
91	92	93	94	95	96	97	98	99	100

1 Ergänze die fehlenden Zahlen.

1	2	3	4	5	6	7	8	9	10
11	12	13	14	15	16	17		19	20
21		23	24	25	26	27	28	29	30
31	32	33	34	35	36	37	38	39	
41	42	43	44		46	47	48	49	50
51	52	53		55	56	57	58	59	60
61	62	63	64	65	66	67	68	69	70
71	72	73	74	75	76	77	78	79	80
81	82	83	84	85		87	88	89	90
91	92	93	94	95	96	97	98	99	

~~8~~

18

22

40

45

54

86

100

QR-Code: Erklärvideo nutzen.
Fehlende Zahlen eintragen und durchstreichen.

1 Ergänze die fehlenden Zahlen.

a)

1	2	3	4	5	6	7	8	9	10
11	12	13	14	15	16	17	18	19	20
21	22	23	24		26	27	28	29	30
31	32	33	34	35	36	37	38	39	40
41	42	43	44	45	46	47	48	49	50
51		53	54	55	56	57	58	59	60
61	62	63	64	65	66	67	68	69	
71	72		74	75	76	77	78	79	80
81	82		84	85	86	87	88	89	
91	92	93	94	95	96	97	98		100

~~10~~ 70 25 52 73 83 90 99

b)

1	2	3	4	5	6	7	8	9	10
11	12		14	15	16	17	18	19	20
21	22		24	25		27	28	29	30
31	32		34	35	36	37	38	39	40
41	42	43	44	45	46	47	48	49	
51	52	53	54	55	56	57	58		60
61		63	64	65	66	67	68	69	70
71	72	73	74	75	76	77	78	79	80
81	82	83	84	85	86	87	88	89	90
91	92	93	94		96	97	98	99	100

33 23 13 95 59 62 26 50

QR-Code: Erklärvideo nutzen.
Fehlende Zahlen eintragen und durchstreichen.

1 Ergänze die fehlenden Zahlen.

a)

1	2	3	4	5		7	8	9	
11		13	14	15		17	18	19	
21		23	24	25		27	28	29	
31		33	34	35		37	38	39	
41		43	44	45		47	48	49	
51		53	54	55		57	58	59	
61		63	64	65		67	68	69	
71		73	74	75		77	78	79	
81		83	84	85		87	88	89	
91		93	94	95		97	98	99	

b)

1	2	3	4	5	6	7	8	9	10
11	12	13	14	15	16	17	18	19	20
21	22	23	24	25	26	27	28	29	30
41	42	43	44	45	46	47	48	49	50
51	52	53	54	55	56	57	58	59	60
71	72	73	74	75	76	77	78	79	80
81	82	83	84	85	86	87	88	89	90

QR-Code: Erklärvideo nutzen.
Fehlende Zahlen eintragen.

Der Zahlenstrahl

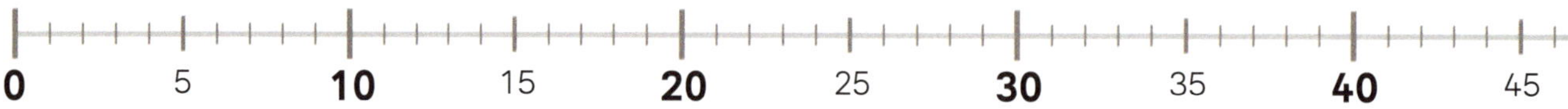

1 a)

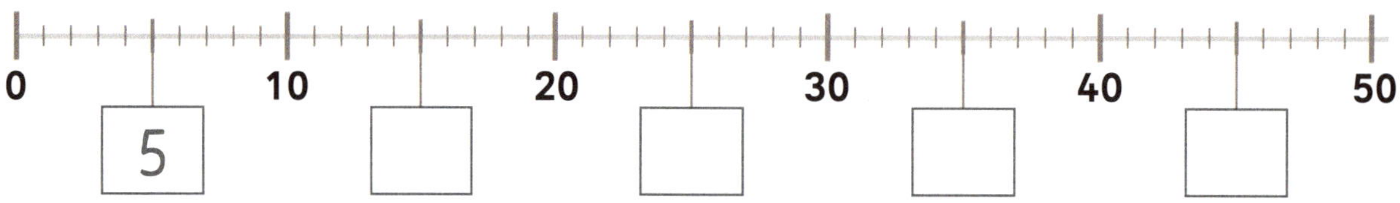

b)

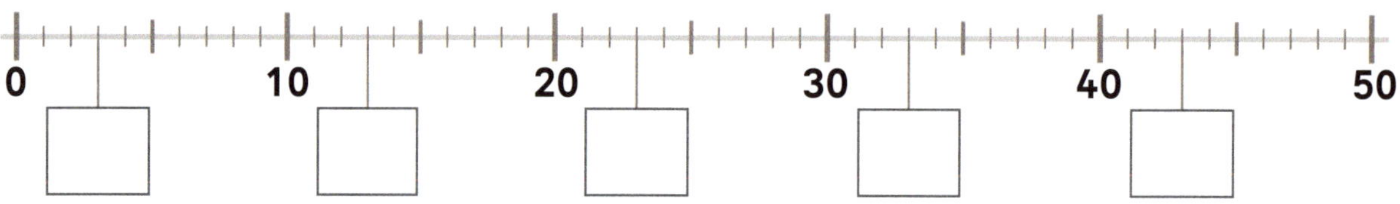

2 a)

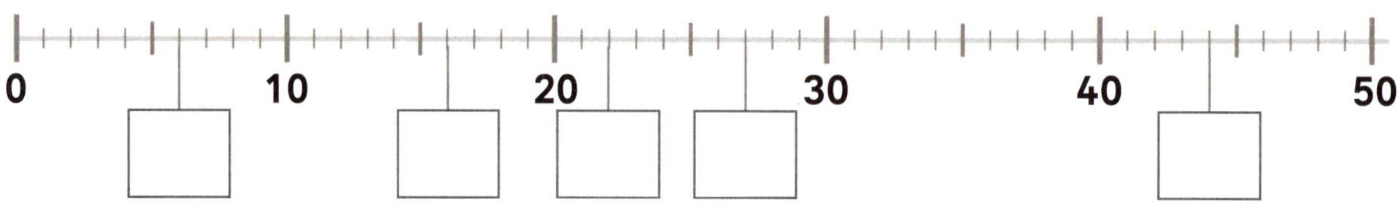

b)

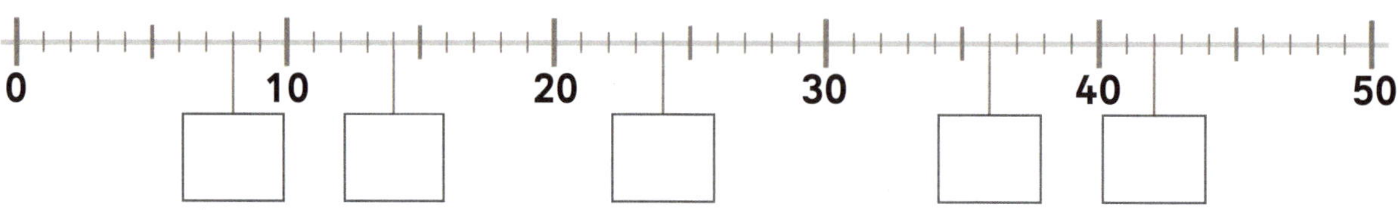

Passende Zahlen eintragen.

1 a)

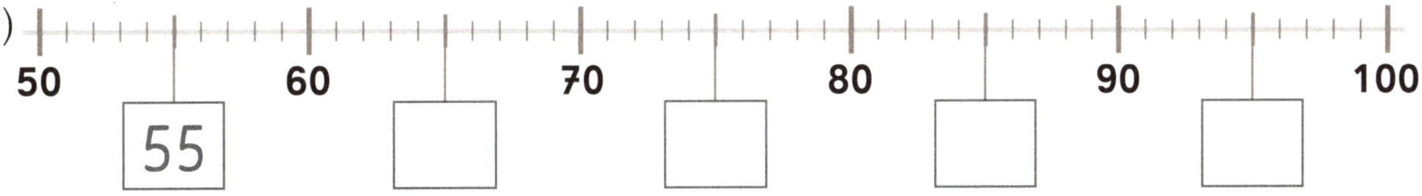

b)

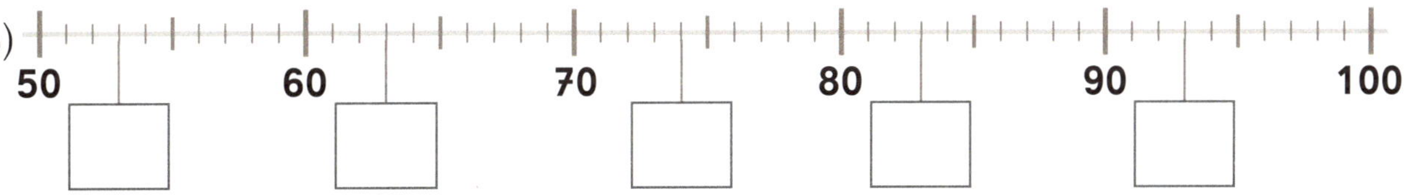

2 a)

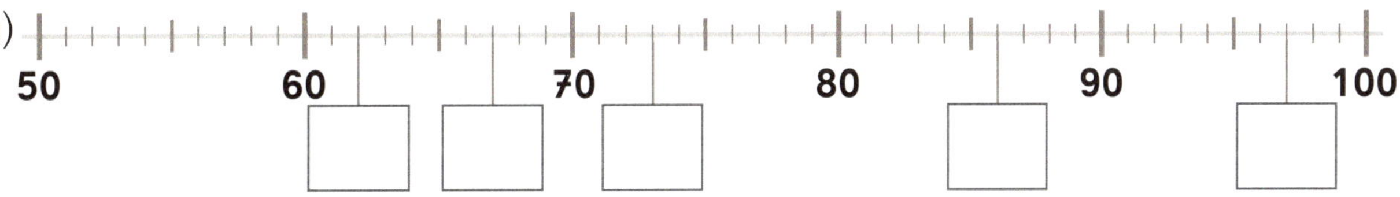

b)

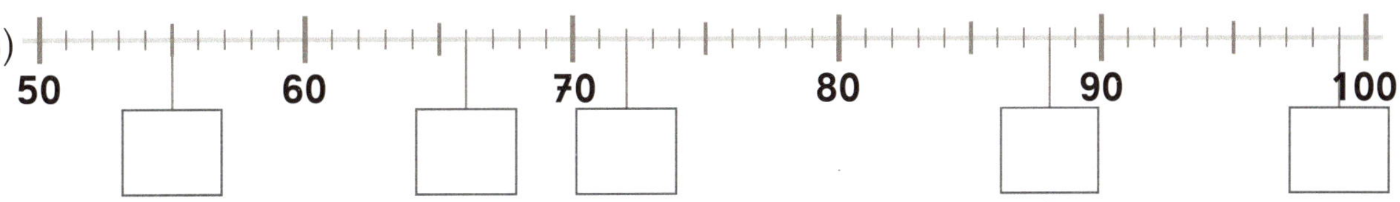

Passende Zahlen eintragen.

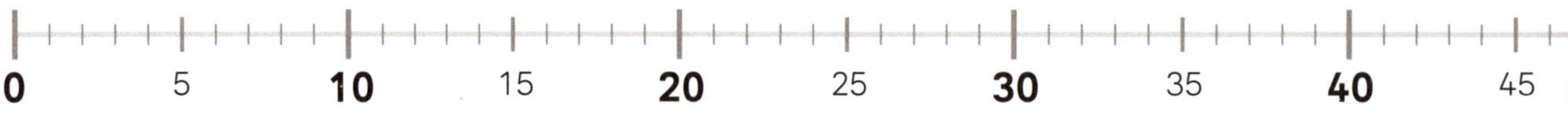

1 a) 10, 11, 12, 13, ____, ____, ____, ____, ____, ____, 20

b) 20, 21, 22, ____, ____, ____, ____, ____, ____, ____, 30

c) 29, 30, 31, ____, ____, ____, ____, ____, ____, ____, 39

d) 39, 40, 41, ____, ____, ____, ____, ____, ____, ____, 49

e) 45, 46, 47, ____, ____, ____, ____, ____, ____, ____, 55

2 Notiere **Vorgänger** und **Nachfolger**.

a)

Vorgänger	Zahl	Nachfolger
24	25	26
	35	
	45	

b)

Vorgänger	Zahl	Nachfolger
	17	
	27	
	37	

c)

Vorgänger	Zahl	Nachfolger
	23	
	33	
	43	

d)

Vorgänger	Zahl	Nachfolger
	19	
	39	
	49	

e)

Vorgänger	Zahl	Nachfolger
	21	
	31	
	41	

f)

Vorgänger	Zahl	Nachfolger
	16	
	26	
	36	

g)

Vorgänger	Zahl	Nachfolger
	14	
	36	
	48	

h)

Vorgänger	Zahl	Nachfolger
	46	
	28	
	40	

i)

Vorgänger	Zahl	Nachfolger
	26	
	39	
	42	

1 Vorwärts zählen, Reihen fortsetzen.

1 a) 60, 59, 58, 57, ____, ____, ____, ____, ____, ____, 50

b) 80, 79, 78, ____, ____, ____, ____, ____, ____, ____, 70

c) 70, 69, 68, ____, ____, ____, ____, ____, ____, ____, 60

d) 75, 74, 73, ____, ____, ____, ____, ____, ____, ____, 65

e) 65, 64, 63, ____, ____, ____, ____, ____, ____, ____, 55

2 Notiere **Vorgänger** und **Nachfolger**.

a)

Vorgänger	Zahl	Nachfolger
64	65	66
	85	
	95	

b)

Vorgänger	Zahl	Nachfolger
	54	
	74	
	84	

c)

Vorgänger	Zahl	Nachfolger
	56	
	86	
	96	

d)

Vorgänger	Zahl	Nachfolger
	52	
	62	
	82	

e)

Vorgänger	Zahl	Nachfolger
	70	
	80	
	90	

f)

Vorgänger	Zahl	Nachfolger
	63	
	83	
	93	

g)

Vorgänger	Zahl	Nachfolger
	56	
	88	
	64	

h)

Vorgänger	Zahl	Nachfolger
	66	
	53	
	79	

i)

Vorgänger	Zahl	Nachfolger
	61	
	98	
	59	

1 Rückwärts zählen, Reihen fortsetzen.

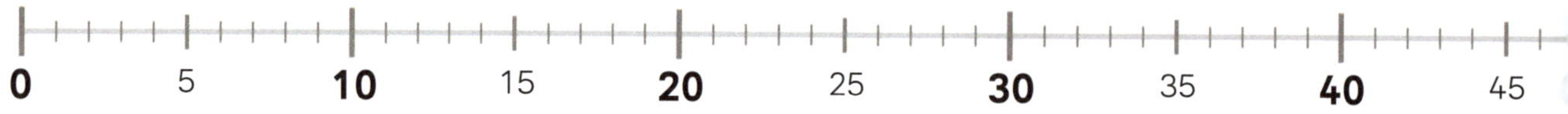

1

a) 15 — 10, 20

b) 18

c) 23

d) 26

e) 33

f) 36

2

a) 34

b) 44

c) 38

d) 48

e) 22

f) 16

Nachbarzehner eintragen.

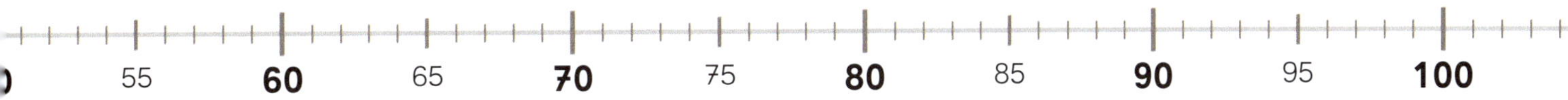

1
a) 57 — 50 | 60
b) 52
c) 62
d) 65
e) 78
f) 74

2
a) 86
b) 81
c) 93
d) 97
e) 55
f) 66

Nachbarzehner eintragen.

Zahlen vergleichen und ordnen

< kleiner als   = gleich   > größer als

1 Setze ein. < = >

a)	b)	c)
13 < 23	42 ◯ 35	50 ◯ 22
13 ◯ 11	42 ◯ 42	50 ◯ 44
13 ◯ 13	42 ◯ 49	50 ◯ 50

2 Ordne nach der Größe. Beginne jeweils mit der kleinsten Zahl.

a) 25 | 5 | 15
5, 15, ______

b) 22 | 27 | 20
______

c) 36 | 31 | 40
______

d) 45 | 25 | 35
______

e) 41 | 49 | 44
______

f) 35 | 42 | 14
______

g) 15 | 33 | 47
______

h) 21 | 16 | 30
______

QR-Code: Erklärvideo nutzen.

Orientieren im Zahlenraum bis 100
Zahlen vergleichen und ordnen

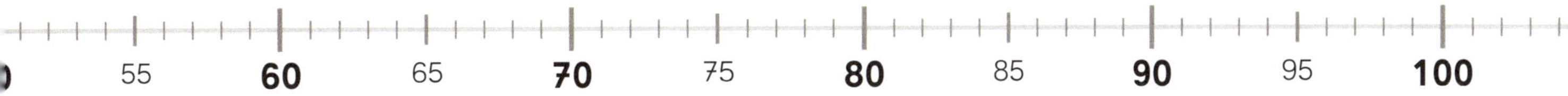

(<) kleiner als (=) gleich (>) größer als

1 Setze ein. (<) (=) (>)

a)			b)			c)		
51	(>)	50	72	( )	78	100	( )	83
51	( )	51	72	( )	61	100	( )	96
51	( )	56	72	( )	80	100	( )	100

2 Ordne nach der Größe. Beginne jeweils mit der kleinsten Zahl.

a) [50] [52] [55]

50, 52, ______

b) [67] [80] [76]

______

c) [81] [71] [91]

______

d) [58] [88] [98]

______

e) [99] [97] [94]

______

f) [90] [100] [80]

______

g) [49] [65] [54]

______

h) [82] [70] [95]

______

QR-Code: Erklärvideo nutzen.

1 Setze die Zahlenfolge fort.

a) Regel: immer + 1	31	32				36
b) Regel: immer + 2	20	22				30
c) Regel: immer + 5	10	15				35
d) Regel: immer + 10	10	20				60

2 Setze die Zahlenfolge fort.

a) Regel: immer − 1	21	20				16
b) Regel: immer − 2	24	22				14
c) Regel: immer − 5	25	20				0
d) Regel: immer − 10	50					0

3

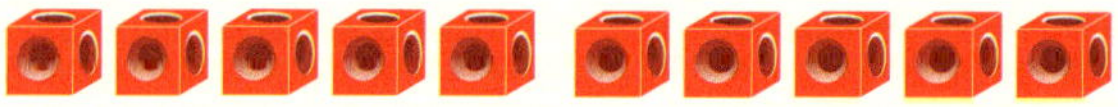

a)

10		
1	+	
8	+	
0	+	
6	+	
2	+	

b)

10		
4	+	
7	+	
3	+	
5	+	
10	+	

1, 2 Regeln der Zahlenfolge besprechen und beachten.

1 Kreise ein. Setze fort und rechne.

a)

3 + 1 = ___
3 + 2 = ___
3 + 3 = ___
3 + ___ = ___
___ + ___ = ___
___ + ___ = ___

b)

10 + 1 = ___
9 + 1 = ___
8 + 1 = ___
7 + ___ = ___
___ + ___ = ___
___ + ___ = ___

2 Kreise ein. Setze fort und rechne.

a)

20 – 0 = ___
19 – 1 = ___
18 – 2 = ___
17 – ___ = ___
___ – ___ = ___
___ – ___ = ___

b)

16 – 5 = ___
16 – 4 = ___
16 – 3 = ___
16 – ___ = ___
___ – ___ = ___
___ – ___ = ___

3 a) 18 – 9

18 – ___ = **10**
10 – ___ = ___

b) 17 – 9

17 – ___ = **10**
10 – ___ = ___

c) 11 – 6

11 – ___ = **10**
10 – ___ = ___

d) 12 – 8

12 – ___ = **10**
10 – ___ = ___

Das kann ich schon

1 Notiere Vorgänger und Nachfolger.

a)

Vorgänger	Zahl	Nachfolger
18	19	20
	36	
	48	

b)

Vorgänger	Zahl	Nachfolger
	54	
	79	
	90	

c)

Vorgänger	Zahl	Nachfolger
	28	
	61	
	83	

2 a)

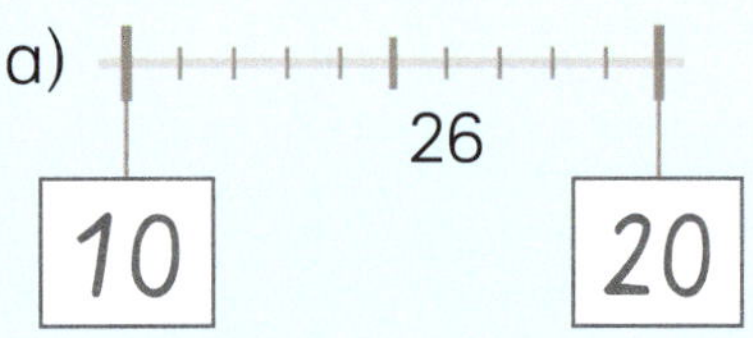

b)

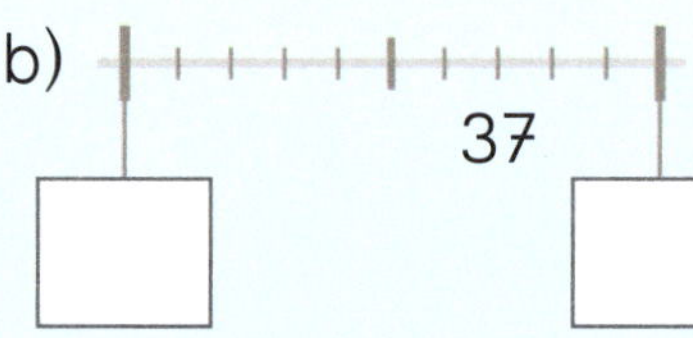

c)

d)

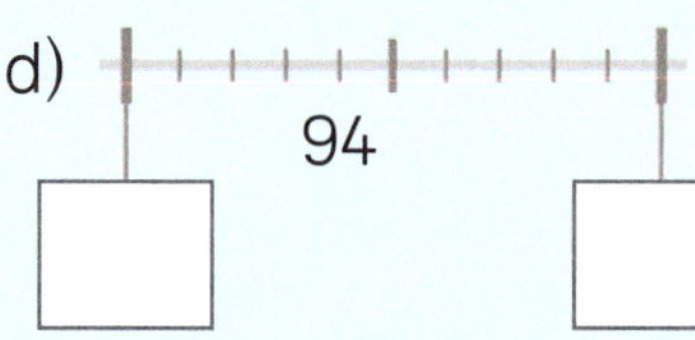

3 Ordne nach der Größe. Beginne jeweils mit der kleinsten Zahl.

a) 28 ~~23~~ 26

23, ______

b) 35 43 15

______

c) 98 68 48

______

d) 97 100 91

______

Selbsteinschätzung thematisieren.
Zuerst Aufgaben lösen, dann selbst einschätzen.